本书获得教育部人文社会科学研究规划基金项目"二语……（19YJA740074）资助

尹洪山 ◎著

二语句法操作的界面研究

科学出版社

北京

内 容 简 介

　　本书从界面视角探究第二语言的句法操作问题。研究主要围绕句法操作的语义、音系、形态和语用界面展开，通过阐释制约二语句法发展的复杂因素，为第二语言教学提供合理的建议。本书既注重研究的理论深度，也注重研究的应用前景，向读者呈现了二语句法习得研究的独特视角，对认识第二语言的发展规律具有启发意义，并为理论研究解决当下外语教学的现实问题提供了新的思路和方法。

　　本书主要面向应用语言学领域的学者和研究生，也适合从事外语教育的一线教师阅读。

图书在版编目（CIP）数据

二语句法操作的界面研究 / 尹洪山著. —北京：科学出版社，2023.4
ISBN 978-7-03-075102-7

I. ①二… II. ①尹… III. ①第二语言–句法–语言学习–教学研究 IV. ①H003

中国国家版本馆 CIP 数据核字（2023）第 042618 号

责任编辑：常春娥　张翠霞 / 责任校对：贾娜娜
责任印制：李　彤 / 封面设计：润一文化

科　学　出　版　社 出版
北京东黄城根北街 16 号
邮政编码：100717
http://www.sciencep.com
北京虎彩文化传播有限公司 印刷
科学出版社发行　各地新华书店经销
*
2023 年 4 月第 一 版　开本：720×1000　1/16
2023 年 4 月第一次印刷　印张：12
字数：203 000
定价：108.00 元
（如有印装质量问题，我社负责调换）

前　　言

在第二语言习得研究中，句法操作与语言界面的关系开始受到人们的关注，为了解制约二语句法发展和变异的复杂因素提供了新的理论视角。同时，这方面的研究有助于验证界面互动在句法操作不完全习得中的作用，可以帮助学习者减少语言交际中的句法操作失误，提高语言表达的准确性和流利性。本书以此为切入点，尝试探究界面视角下二语学习者句法操作的基本特征，为提高二语句法教学的科学性和针对性提供实证方面的支持。

本书主要围绕句法操作的语义、音系、形态和语用界面展开，通过研究二语句法操作的界面制约机制及其变异规律，着力探索克服二语句法表征缺陷的路径与方法。在句法-语义界面，本书聚焦存现句的非宾格结构、动词的情状参数以及冠词的限定性与特指性语义特征，探究二语学习者句法选择过程中的形式与功能匹配问题。在音系-句法界面，本书围绕韵律对句法解歧和句法移位的作用，揭示提高二语学习者句法流利性的音系条件。就形态和句法的互动而言，本书从句法复杂度和逻辑时序两个方面进行了探究。在句法-语用界面，本书的研究重点在于信息结构对二语句法操作的影响。上述研究内容以界面理论为核心，通过分析句法-语义、形态-句法、音系-句法和句法-语用界面的制约因素，探究二语句法操作的变异规律，提高学习者语言表达的准确性、复杂性、流利性，为外语课堂教学提供启示和建议。

本书所做的研究得到了教育部人文社科规划基金项目的资助，谨此表示感谢。非常感谢课题组其他成员在研究中所做的贡献，本书的完成离不开团队精神所发挥的作用。本书在写作过程中得到了青岛科技大学外国语学院的大力支持，对此表示由衷的感谢。外国语学院王丽副教授对本书的写作给予了热情的帮助，在此一并表示感谢。另外，感谢外国语学院研究生徐赛赛、罗晓颖、梁艺、孟丽和尹琪琪等同学为初稿的校对所做的工作。同时，衷心感谢科学出版社常春娥和张翠霞编辑为本书的出版所付出的辛勤汗水。

希望本书的出版能够起到抛砖引玉的作用，为今后的相关研究提供一定的参考。鉴于时间和条件的限制，本书还有不尽完善之处，书中的纰漏在所难免，皆由作者负责。特此，恳请广大读者朋友予以包涵，并多提宝贵意见。

尹洪山

2022 年 12 月

目　　录

第1章

绪　　论

第二语言习得是一个复杂的动态过程，学习者句法能力的发展则是这一过程的核心所在。传统的语言学理论虽然从不同角度对这一问题进行了探索，但都难以解释句法习得中的瓶颈（bottleneck）问题。早期的二语习得研究侧重于句法规则的习得过程，但对制约学习者句法发展的界面机制解释得不够充分。本章将对语言的界面理论及其相关概念进行阐述，并在此基础上确立本研究的理论框架。

1.1　界面的概念

在语言学研究中，界面（interface）是一个新兴的概念，这一概念可以从广义和狭义两个角度来理解。首先，从广义上来说，语言本身并不是一个封闭的系统，语言学与其他学科存在一定的边界，学科之间的交叉和互动产生了界面，如我们可以从文学、哲学、社会学、心理学、教育学等不同的学科视角研究语言，从而产生了语言学研究中广义的界面概念。从狭义上来说，语言自身也是由不同的模块或层面组成的，如音系、形态、句法、语义、语用等。这些语言模块并不是完全孤立的，而是存在一定的内在联系和互动关系，从而形成语言模块之间的界面。本书所讨论的界面机制指的便是狭义上的语言界面关系，如形态–句法界面（morpho-syntax interface）、句法–语义界面（syntax-semantics interface）、句法–语用界面（syntax-pragmatics interface）等。

　　语言界面关系的研究反映出人们对语言认识的不断深化。以结构主义为代表的传统语言学研究将音系、形态、句法、语义等作为独立的层面进行分析，这种研究范式虽然能够揭示一些语言规律，但却忽略了语言模块之间的互动关系，无法解释一些特定的语言现象。在生成语言学的理论中，语言模块之间的界面受到了关注，诺姆·乔姆斯基（Noam Chomsky）的参数与原则理论和最简方案均发展了语言的界面研究，但其核心仍在于句法的生成过程，并未深入探究界面本身的联结机制问题（Chomsky 1986，1995）。进入 21 世纪以来，语言的界面研究逐渐成为一个热点，困扰研究者的一些语言问题从界面关系的互动中找到了部分答案，语言界面研究呈现出较为繁荣的局面。

　　国外学者围绕这方面的研究出版了一些有代表性的著作。其中，皮特·埃克马（Peter Ackema）和艾德·尼尔曼（Ad Neeleman）以英语、阿拉伯语和荷兰语为例，从语言模块的视角讨论了词的构成问题。作者认为，构词问题并不仅仅是一个形态过程，词汇的外部因素也会对这一过程施加影响。实际上，词的构成是形态与音位和句法过程互动的结果（Ackema & Neeleman 2004）。马修·贝尔曼（Matthew Baerman）、邓斯坦·布朗（Dunstan Brown）和格雷维尔·科贝特（Greville Corbett）基于形态-句法视角研究词的屈折形式融合，并运用类型学的方法分析词汇屈折融合过程中的句法信息编码（Baerman et al. 2005）。吉莉安·莱姆查安德（Gillian Ramchand）和查尔斯·瑞斯（Charles Reiss）主编的论文集较为全面地阐述了语言的界面关系，分别从声音、结构、意义、构造四个方面讨论了语言模块之间的互动。以第一部分为例，该书分析了语音-音系界面（phonetics-phonology interface）、音系-形态界面（phonology-morphology interface）和音系-句法界面（phonology-syntax interface）的内在制约机制，并辅以不同语言的实例揭示语音系统与其他语言系统之间的协同关系。该书在第三部分论及语义、语调与信息结构的关系时，认为信息结构是句法结构的反映，后者借助信息结构的实现规则与音系形式构成互动界面，同时借助信息结构的理解规则获得意义（Ramchand & Reiss 2007）。由此可见，语言界面是一个复杂的系统，不仅涉及两个语言模块之间的互动，而且也与多个语言模块之间的联结有关，多重语言界面的制约关系更为复杂。

从国内的情况来看，界面研究的热潮始于 2004 年在复旦大学召开的语言界面国际研讨会。在这次会议上，界面概念被正式引入了国内语言学界，研究者围绕语言本体的各个模块所构建的界面进行了研讨，标志着我国语言学研究的一个重要转向，开辟了国内语言界面研究的新局面（熊学亮 2004）。后期主要的研究包括沈园（2007）、苗兴伟和董素蓉（2009）、孙道功和李葆嘉（2009）、张绍杰（2010，2022）、马秋武（2013）、刘宇红（2013）、柳雪飞（2016）、孙道功和施书宇（2018）等的研究。沈园（2007）的研究着眼于动词语义与句法结构之间的关系，并在此基础上"提出了句法-语义界面研究的 3 个问题：（1）动词语义的哪些方面与句法相关；（2）相关的词汇语义表征有哪些特点及其本质；（3）从词汇语义到句法的映射规则系统的本质是什么"（见董保华 2009：109）。刘宇红（2013）通过研究词汇与句法界面的双向互动，归纳了三种格现象在词汇语义与句法层面的排列规律。孙道功（2018）也从句法-语义界面进行了研究，并提出了以大规模语义知识库为支撑的层级性界面新模式。该模式主要探究词汇单位的角色转化、语义角色的范畴排序、语义角色的句法实现、句法实现的语用制约、词汇与句法结构的互动制约等。

苗兴伟和董素蓉（2009）从句法-语篇界面（syntax-discourse interface）出发讨论了语言学研究的整合问题，认为可以从界面研究、互补研究和跨学科研究这三个方面进行语言学的整合。就界面研究而言，句法和语篇是互相联系的两个语言层面，许多句法现象可以在语篇层面得到解释，同时，语篇也是句法现象的动因和基础，并对句法现象有着制约作用。马秋武（2013）分析了音系与语音、形态和句法的界面关系。就音系-语音界面而言，音系研究的成果有助于解释一些语音现象，同时语音研究也可为音系学的理论假说提供量化证据。从音系-形态的界面来说，音系规则和构词规则是交互应用的，而且两者都是有序的。另外，音系与句法之间存在着互动关系，音系结构在一定程度上参照了句法结构，后者通过三种不同的方式映射到前者：基于关系的映射，基于边界的映射，以及树栖型映射。柳雪飞（2016）研究了汉语疑问代词句的语音和句法界面问题，发现了不同功能类别下疑问代词句的句重音分布及其句法特征。张绍杰（2022）以语态构式为例阐述了语法与语用的界面互动关系，认为只有根据语境做出对语法形式或结构的恰当选择，才能在话语交际中实现得体的语用效果。

从上述情况来看，界面研究有助于揭示语言的一些内在属性及其特定规律，跨语言的研究为认识语言的界面机制提供了更多的证据。另外，也可以看到，在不同的语言界面研究中，句法始终是一个核心的语言层面。由于句法与不同的语言层面均存在互动关系，这种界面互动关系必然会在一定程度上制约句法的习得。对第二语言的句法发展而言，这种制约关系具有更加重要的作用。

1.2　界面的互动

语言的界面具有互动关系，这种互动关系往往会引起语序的变化，从而导致句法操作（syntactic operation）出现不同程度的变异。所谓句法操作指的是句子的生成方式，既包括词项组成句子或句与句组成复杂句的操作，也包括基础句子生成派生句子的操作（董秀英和徐杰 2009）。句法操作作为句法特征在表层结构得以实现的方式或手段，往往会与语言的其他模块形成互补关系，在语言的界面互动中体现句法形式的变异。以语言中的宾语标记（object marking）为例，印欧语系的语言形态比较丰富，在许多这类语言中，及物动词的直接宾语通常会携带格（case）的形态标记。在波兰语、克罗地亚语和德语等欧洲语言中，动词和宾语之间的关系主要是通过宾语格的形态变化进行标记的。与汉语相比，这些语言的语序相对比较灵活，通常情况下即使宾语发生移位也不会出现歧义，其原因在于动词的宾语具有了格的语法标记。但在一些弱形态的语言（如英语）中，宾语标记的适用范围较小，仅仅出现在少量的语言成分中。与德语不同，英语的名词没有宾语标记，英语中的宾语标记只局限于人称代词。从语言类型学的角度看，宾语标记的特征和分布十分复杂，在一些语言中宾语标记不仅取决于动词与宾语之间的语法关系，而且也受宾语的语义和语用因素制约。

　　从语言的历史演变过程来看，英语动词宾语的形态标记经历了明显的变化。与现代英语不同，古英语的形态变化非常丰富，名词普遍具有格的标记。但在现代英语中，仅有少量的代词仍然保留宾格形式，如 me、us、them 等，已经不再对名词进行宾格标记。如果仔细观察英语代词的格标记，可以发现人称代词 it 没有主格和宾格的形态区分。那么应该如何来解释这种现象呢？可能的一种解释是，it 一般用来指称无生命的事物，而句中无生命的事物更有可能充当受事（patient），因此，即使 it 没有宾语的格标记，其与施事（agent）主语混淆的可能性也不大。需要指出的是，用来指人的人称代词（如 I 和 me）有着较高的生命性，如果不借助形态标记对其加以区分，句中的受事宾语就容易与句子的施事主语发生混淆。这可以较好地解释英语中指人的人称代词大多都有宾格形式，而指物的人称代词 it 却没有这种宾语标记，因为其功能在于有效地对受事和施事加以区分。

　　需要指出的是，英语中的宾语标记只适用于人称代词，并不涉及普通的名词；而在德语中，宾语标记涉及所有的人称代词和普通名词，且属于一种强制性语法关系；俄语的宾语标记形式有别于英语和德语，在俄语中，宾语标记具有明显的生命性取向，几乎所有的生命性名词作直接宾语时都要标记宾格形式。从上面的分析可以看出，宾语标记在语言中的表现形式虽各不相同，但其形态表征了特定的语法功能和句法-语义关系。宾语标记的生命性取向在语言中具有一定的共性，如加泰罗尼亚语、西班牙语、玛拉雅拉姆语的宾语标记均具有不同程度的生命性取向，充分反映了语言类型的分布特点。

　　宾语标记反映了动词和宾语之间的复杂制约关系，宾语的格虽然是由动词赋予的，但格的形态变化却受一些其他因素的影响。从以上的分析来看，宾语内在的语义信息是宾语标记出现变异的重要因素，但生命性和指称性在不同的语言中却有着不同的作用。以僧伽罗语为例，宾语的格标记在该语言中并不具有强制性，只有那些具有生命性指称的宾语才有可能被赋予格的标记。但在希伯来语中，尽管该语言中宾语格的标记是强制性的，但这种标记却仅限于那些表示定指的宾语。

根据伯纳德·科姆里（Bernard Comrie）的研究，宾语的格标记与其自身的突显度密切相关，突显度越高，宾语被显性地赋予格标记的可能性则越大。科姆里认为，语言中的格标记承担着区分句子主语和宾语的基本功能（Comrie 1989）。从语义的角度分析，句子的主语往往蕴含着生命性（animacy）和定指性（definiteness）等特征，其突显度也较高；相对而言，句子的宾语通常涉及的则是非生命性和泛指等语义信息，有着较低的突显度。如果句子的宾语和主语均被赋予生命性和定指性等语义特征，宾语也会与主语一样具有较高的突显度，此时就有必要借助格的标记将宾语与主语区分开来。

在许多语言中，格的形态标记能够反映动词对宾语的支配关系，但语言之间也存在一些类型差异，这些类型差异会使宾语的形态标记出现一定的变异。下面从不同的角度分析制约宾语标记变异的因素。如上所述，宾语本身所承载的生命性特征和指称类型是两个不可忽视的因素。当句子的主语和宾语均具有较高的生命性时，为了明确两者的语法关系，避免在语义上将施事和受事的角色混淆，需要对宾语添加强制性的格标记。在许多语言中可以观察到生命性对宾语标记的这种制约作用，宾语标记具有一定的普遍性。从指称类型来看，语言之间的共性和差异有助于进一步认识宾语标记的特点。例如，许多语言之所以需要对宾语进行标记，与宾语所携带的定指性概念有关，宾语蕴含的定指性越强，也就越需要格的形态标记。与欧洲语言不同的是，虽然汉语的名词和代词本身没有形态变化，但汉语特有的"把"字能够起到宾语标记的作用，汉语中宾语的定指性越强，"把"字省略的可能性越大。这种情况说明，并不能完全从语义的视角解释这种宾语标记现象，还应当将句法和语用层面的因素纳入考量范围。从句法结构角度来说，语序对理解句子成分之间的语法关系至关重要。一般情况下，汉语的语序较为固定，有时会出于语用的需要而改变原来的语序。在汉语句子中，动词后面的宾语可以借助"把"字实现前置，在这类"把"字句中，表示非定指概念的宾语传递的通常是句子的新信息，可以通过"把"字突显新信息所承载的语用功能，从而帮助语言使用者对宾语的受事角色进行有效识别。从以上分析可以看出，宾语标记作为语言界面关系的一种体现，通过语言形式与功能的互动既反映了语言的某些共性特征，也表现出一定的类型差异（尹洪山 2015）。

语言的界面互动为分析句法操作变异的限制条件提供了新的视角。从宾语标记所涉及的句法关系看，句法操作的变异并不单纯是一个句法过程，句法结构的变化往往涉及形态、语义和语用等不同语言模块的信息整合，反映了语言界面不同模块之间的互动关系。这种语言制约机制内的相互作用也为探究第二语言句法发展的瓶颈因素提供了新的思路。

1.3 界 面 假 说

在较早的文献中，二语句法发展的瓶颈往往归咎于中介语（interlanguage）的石化机制的作用（Selinker 1972）。所谓中介语指的是第二语言学习者所建立的一种独立的语言系统，这一新的语言体系既不同于其母语，又有别于所学的目的语。研究者虽然得以从心理和认知角度审视二语学习者中介语句法发展的不平衡现象，但其所关注的句法问题仅限于孤立的语言模块，无法解释不同语言模块之间的关联机制对句法习得的影响。20世纪 90 年代，曼弗雷德·皮纳曼（Manfred Pienemann）的可加工性理论从语言加工能力的角度解释二语句法的发展瓶颈问题，其基本观点是：在中介语句法发展的任何阶段，二语学习者仅能产出并理解语言加工机制当前所能处理的语言形式（Pienemann 1998；尹洪山 2007a）。该理论虽然能够在一定程度上预测二语句法的发展路径，但对语言加工器的描述在实证研究中缺乏可操作性，难以合理解释二语句法发展的复杂制约因素。

有学者从"界面假说"（Interface Hypothesis）的视角对二语句法的习得瓶颈进行了新的解读（Sorace & Filiaci 2006）。根据这一理论，单纯的句法特征即使存在一定的习得困难，最终仍然是可以习得的，而句法与其他认知领域之间的界面特征可能永远无法被二语学习者所完全习得。这意味着无论是句法-语义界面抑或是句法-语篇界面都会是二语学习的难点所在，句法与其他语言模块的界面存在同样的习得困难。

近年来，对句法习得瓶颈问题的研究经历了从语言内部界面到外部界面、从单一界面到多重界面的视角转换。对于不同语言界面的习得难度，研究者仍然有较大争议。一种普遍的观点认为，学习者在习得与句法相关的内部界面时，认知加工均处在语言本身的运算之内，因此相对于外部界面（如句法-语用界面）来说，内部界面（如句法-语义界面）更容易习得（Sorace 2011）。因此，句法-语用和句法-语篇等外部界面则是二语句法发展需要突破的难点所在。根据这一观点，句法-语篇等外部界面将会长期成为语言习得过程中的瓶颈，可能导致母语习得的延迟或二语习得的失败（杨连瑞等 2013）。不过，实证研究的结果并不完全支持这一结论。"界面假说"（Sorace 2011）对句法习得瓶颈问题的解答虽然具有启发意义，但在表述上却存在一定的模糊性，其结论也未免过于简单化。这是因为，句法与其他语言模块（如形态、语义、语用等）所形成的不同界面往往会产生不同程度的习得困难，同一界面在不同的语言中也会出现不同的语言习得问题（White 2011）。

界面机制是如何作用于二语句法习得的？相对而言，这方面的研究还不够深入，目前人们主要从母语参数映射和信息加工负荷两个方面进行了实证探索（盛云岚 2015）。相关研究（如 Sorace & Serratrice 2009）表明，母语参数的映射更多发生在句法-语义界面，句法-语篇界面则不受母语迁移影响，不过，这类证据大多来自欧洲语言之间的习得现象，以汉语等非印欧语系语言为母语所做的类似研究还不多见。另外，母语迁移如何影响其他语言界面的句法发展目前并不十分清楚，仍有待进一步探究和验证。从信息加工负荷的角度看，界面机制需要协调、整合、配置来自不同认知资源方面的信息，这就需要二语学习者付出额外的注意力资源。然而，由于认知资源的局限，学习者在整合语言界面的句法信息时会遇到较大的困难（袁博平 2015）。这方面的研究有着较为广泛的证据支持，其不足之处在于研究方法不够完善，有些语料采集方式（如语法判断测试）的效度难以得到保证。近年来一个新的研究趋势是，人们开始从特征重组（feature reassembly）的角度考察句法的界面瓶颈问题，认为二语句法出现瓶颈的根源在于词项特征的不同组装方式所导致的语言形态差异（Lardiere 2009；毛眺源和戴曼纯 2015）。"特征重组假说"（Feature Reassembly Hypothesis）反映了句法习得的核心机制问题，在理论上具有突破意义，但如何将其应用于实证研究还面临一定的挑战。

相对来说，国内学者的研究起步较晚，对句法习得的界面研究尚不足20 年的时间，经历了从理论验证（高育松 2009；韦理和戴炜栋 2010 等）到理论反思（戴曼纯 2014；常辉 2014；吴菲 2016 等）的过程。在理论验证阶段，高育松（2009）以中国英语学习者为被试，基于语篇、语义与句法界面研究了英语空宾语结构的习得。结果发现，句法结构的习得同时涉及其他界面知识的制约，在一定程度上验证了界面机制在句法习得中的作用。不过，该研究没有说明内部界面与外部界面的不同制约作用。张文（2014）基于这一构想也对空宾语结构的习得进行了研究，发现句法-语篇界面的习得难度要大于句法-语义界面，说明外部界面往往成为习得的难点所在，为验证"界面假说"的有效性提供了部分证据。吴菲（2016）的研究认为，区分内部界面和外部界面的意义不大，许多语言特征的习得涉及多重界面，实证研究中划分界面时存在不少的困难。对界面机制的不同看法引起了人们的理论反思，研究者逐渐认识到，某些句法现象涉及多重语言界面，把二语句法发展中出现的瓶颈问题简单地归咎为单一模块或单一界面都是不恰当的（戴曼纯 2014；吴菲 2016）。实际上，界面之间并不是泾渭分明的，而是存在关联与互动性，很多语言现象只有从多重界面的角度才能得到更好的解释。

1.4　二语句法操作的内部界面

1.4.1　句法-语义界面

句法-语义界面是语言的内部界面，反映了语言内部模块之间关联机制的特征。词汇的某些语义特征会对句法的表达形式产生映射作用，从而在一定程度上制约二语句法的习得。

在句法-语义界面的研究中，人们更加关注动词的语义特征对句法表征的影响，进而探究句法-语义的互动如何影响二语句法的发展。与其他词汇范畴不同，动词是外部世界事件词汇化和概念化的表现形式（Levin & Rappaport Hovav 2005）。以动词的双宾构式（double-object construction）为例，该构式涉及多个事件结构的关联：致使转移、成功转移、领属关系变化。从句法-语义的界面分析，双宾构式反映了复杂的致使事件在句法上的实现，该复杂事件也是双宾构式合法的语义基础和前提（林艳 2013）。从题元角色来看，双宾构式涉及施事（主语）、与事（直接宾语）、受事（间接宾语）三个论元，双宾构式中动词与论元角色的协同作用使该事件结构的发生成为可能。对于哪些动词才能进入双宾构式则有句法-语义层面的制约。一般来说，双宾构式中的动词多是"给予"类的三价动词，但也有其他一些动词在特定条件下可以进入双宾构式。例如，熊学亮（2013）归纳了英语双宾构式动词准入的三个原则：认知向度原则、毗邻线性原则、主事件与副事件心理距离象似原则。根据认知向度原则，下面的例（1）不是一个合乎双宾构式的句子：

（1）*John carried Mary a book.

（熊学亮 2013：4）

这是因为，动词 carried 的基本语义并不靠近目标端（间接宾语 Mary），而是靠近客体端（直接宾语 a book）。因此，具有客体取向的动词进入双宾构式的可能性较小。但根据毗邻线性原则，下面的例（2）就是合法的双宾构式：

（2）John baked Mary a cake.

（熊学亮 2013：5）

从事件的逻辑看，baked Mary 在语义上是不合理的，而这一不合理性驱动了对后续线性结构的解读，进而衍生出以动词基本语义为中心的拓展事件图景，为整个构式的合法性提供了句法-语义基础。根据第三个原则，如果主事件与双宾构式所激活的副事件之间的心理距离较短，则一些非"给予"类动词也可进入双宾构式。上面的例（2）中，baked 属于"创造"类动词，其所表征的主事件"烤"与其所激活的副事件"致使拥有"距离较短，两者存在吻合的可能，因此该动词可以进入双宾构式。

需要指出的是，上述三项原则虽能解释一些双宾构式的语义制约条件，但由于跨语言差异的存在，第二语言学习者在习得双宾构式的动词时可能会遇到一些困难。例如，虽然英语中可以说 I baked him a cake，但在汉语中却不能说"*我烤他一个蛋糕"。这是因为，汉语中需要表述为"我给他烤一个蛋糕"才能表达相应的"致使拥有"概念，从而满足第三个准入条件。因此，当中国的英语学习者习得英语双宾动词的用法时，两种语言的句法-语义制约差异可能会影响学习者的习得效果。

除了双宾构式，动词的非宾格性也会从句法-语义界面制约第二语言的习得。根据戴维·珀尔马特（David Perlmutter）的"非宾格假说"（Unaccusative Hypothesis），可以将英语的不及物动词分为两种类型，即非宾格动词（unaccusative verb）和非作格动词（unergative verb）（Perlmutter 1978）。从表层结构来看，两者都带有语法主语，但其深层结构却存在较大差异。非宾格动词的语法主语在深层结构中并非施事，而是受事宾语；非作格动词的语法主语在深层结构中为施事，但缺少受事宾语。例如：

（3）The woman smiled happily.

[the woman [vp smiled happily]]

（4）My leg broke in the accident.

[[vp broke his leg in the accident]]

在例（3）中，smiled 为非作格动词，句子的主语 the woman 在深层结构中为施事，属于外部论元。在例（4）中，broke 则为非宾格动词，句子的主语 my leg 在深层结构中为 broke 的受事宾语，属于内部论元。另外，英语中与 break 相似的非宾格动词还有 open、sell、melt、burn、sink 等。从语义上看，这类非宾格动词强调的往往是状态的变化过程。一般来说，上述动词可以兼作及物动词和不及物动词。试比较：

（5）a. He sold his house.（及物）

b. His house sells well.（不及物）

在例（5a）中，动词 sold 为及物动词，其逻辑主语在深层结构中作施事；而在例（5b）中，sells 为不及物动词，具有非宾格用法，其逻辑主语在深层结构中作受事。除了这类成对非宾格动词外，英语中还有一些非成对的非宾格动词，这些非宾格动词只有不及物动词的用法，如 exist、appear、occur、happen、live、lie 等。这类非宾格动词不仅可以用于常规的主谓结构，而且也大量用于 there 存现句。例如：

（6）a. Once upon a time an old man lived in the forest.

b. Once upon a time there lived an old man in the forest.

这两个句子都表示事物在特定空间范围内的"居住"概念，例（6a）为常规的 SVA（主语+谓语+状语）语序，例（6b）则为 NP 后置的语序。非宾格动词是否可以用于存现句，取决于其内在的语义特征。根据"普遍联系假说"（Universal Alignment Hypothesis）的观点，动词的语义特性与其句法表征有着密切的联系，前者会对后者形成一种映射（Perlmutter & Postal 1984）。就 exist、appear、occur 等非宾格动词而言，其中蕴含的"存在""出现""发生"等语义特征会投射到句法层面。因此，在存现结构中，非宾格动词的句法行为受其核心语义特征的映射，体现了句法-语义界面的制约关系。

1.4.2　音系-句法界面

音系和句法的互动关系是语言界面研究的一个新兴领域。音系-句法界面的互动包括两个方面的研究，一是句法对音系的影响和作用，二是音系对句法的制约作用。其中，后者在语言习得研究中受到了更多的关注，也是本书将要讨论的一个主题。

音系对句法的制约作用可以从韵律的角度加以说明。语言的韵律特征指连续语流中超越一个音段以上的语音特征，如连音、重音、声调、音调、语调等。韵律有助于讲话者在发音过程中产生抑扬顿挫的效果，同时韵律特征也具有表义和辨义的功能。从韵律和句法的关系来看，有些句法现象具有韵律方面的理据。以英语的语序为例：

（7）a. He threw the letter which he had not decoded into the wastebasket.

b. He threw into the wastebasket the letter which he had not decoded.

（周韧 2006：53）

在例（7a）中，名词短语 the letter which he had not decoded 属于结构较为复杂的成分，通常会将其移位到句末位置，如例（7b）所示，这种现象在英语中被称为重型名词短语移位(heavy NP shift)。所谓重型名词短语，就是指包含两个或两个以上音系短语的短语（Zec & Inkelas 1990），如 the letter which he had not decoded 包含 the letter 和 which he had not decoded 两个音系短语。如果将例（7a）中的重型名词短语改为只包含一个音系短语的结构，将其移位到句末后的接受程度则会大大降低。例如：

（8）a. He threw the letter into the wastebasket.

b. *He threw into the wastebasket the letter.

（周韧 2006：53）

由此可见，句子的语序会在某种程度上受到韵律特征的制约。如果忽视韵律因素的作用，就无法对语言中的一些句法现象做出合理的解释。了解韵律与句法的互动关系，有助于探究句法移位的音系限制条件，这方面还有一些其他的代表性研究（如 Nespor& Guasti 2002）。此外，研究者还注意到，韵律也有助于消解句法结构中的歧义。例如：

（9）The cop saw the spy with binoculars.

（Ying 1996：682）

从句法结构上来说，例（9）中的介词短语 with binoculars 既可以看作挂靠名词短语 the spy，也可以看作挂靠动词短语 saw the spy。有研究发现，二语学习者在加工这类句法歧义结构时除了受到词汇、句法和语境制约外，也受韵律特征的限制（Ying 1996）。在另外一项研究中，研究者考察了韵律边界与句子成分长度在歧义消解中的作用，该研究关注的句法现象为关系从句（relative clause，RC）的挂靠引起的结构歧义（White et al. 2013）。例如：

（10）Someone spoke to the servant of the actress who was on the balcony.

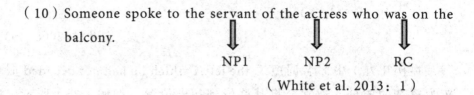

NP1　　　　　NP2　　　　　RC

（White et al. 2013：1）

在这个例子中，关系从句 who was on the balcony 既可以挂靠名词短语 the servant，也可以挂靠名词短语 the actress。较早的研究显示，英语本族语者倾向于把关系从句挂靠于第二个名词短语（NP2），大约 60%的情况下出现这种低位挂靠偏向（low attachment preference）。相对而言，在西班牙语中，关系从句则倾向于挂靠第一个名词短语（NP1），这种高位挂靠偏向（high attachment preference）的概率大约为 63%（Cuetos & Mitchell 1988）。珍妮特·迪安·福多尔（Janet Dean Fodor）对这种跨语言的挂靠偏向差异进行了研究，发现低位挂靠偏向的语言（如英语）韵律线索要弱于高位挂靠偏向的语言（如西班牙语）。基于这一语际差异，可以预测母语为西班牙语的英语学习者在理解英语关系从句的歧义结构时会遇到一定的困难（Fodor 2002）。此外，有研究表明，操西班牙语的高水平英语学习者能够成功习得制约关系从句挂靠偏向的韵律线索，中水平组的学习者在利用韵律信息消解句法歧义方面的表现略逊一筹（White et al. 2013）。

1.4.3　形态-句法界面

在语言的形态-句法界面，研究者围绕二语句法的发展和变异提出了许多理论和假说。根据"完全迁移/完全可及假说"（Full Transfer/Full Access Hypothesis），在第二语言发展的初始状态，学习者的中介语能够表征相应的功能范畴（functional category）及其特征，以及基于这些特征强度的句法特点（Schwartz & Sprouse 1996）。以英语和土耳其语为例，两种语言在语序方面存在明显的差异，英语中的动词置于宾语之前，而土耳其语动词置于宾语之后。有研究发现，母语为土耳其语的被试在学习英语的初始阶段几乎完全使用母语中的动词后置语序（Haznedar 1997）。根据"最简树假说"（Minimal Trees Hypothesis），中介语初始状态中并不存在功能范畴，而功能范畴通常被认为是自然语言语法的必要特征，因此，中介语是一种有缺陷的语法体系（Vainikka & Young-Scholten 1996）。"特征值缺省假说"（Valueless Feature Hypothesis）则提出了不同的观点，其认为功能范畴能够出现在中介语的初始表征中，但功能范畴的特征值却并不会发生迁移，仍处于缺省或惰性状态，这会导致限定动词在升位和非升位之间出现可选性现象（Eubank 1996）。

罗杰·霍金斯（Roger Hawkins）提出的"表征缺失假说"（Representational Deficit Hypothesis）从另一个角度对二语习得中的形态-句法关系进行了研究。这一假说认为，如果母语特征在二语中缺少对应特征的形态变化，二语习得者就难以选择这一语言特征，也就无法对其参数进行准确重置（Hawkins et al. 2008）。以英语中的时态习得为例，汉语中没有时态的形态标记，中国学生在习得动词形态特征时会遇到一些困难，原因在于，学习者无法对英语的限定句和非限定句加以区分，无法形成符合语法的二语句法心理表征（傅燎雁 2020）。

针对二语习得中的难点，罗乌米亚娜·斯拉巴科娃（Roumyana Slabakova）提出了"瓶颈假说"（Bottleneck Hypothesis），认为语言中的功能形态及其特征是二语习得中的瓶颈所在（Slabakova 2014）。斯拉巴科娃首先以语言机制模块设计图为例说明句法操作的制约条件，如图 1.1 所示。

图 1.1 中所示的运算系统（computational system）是一个涉及选择、合并、一致等句法操作的工作空间，通过句法操作词项组合成短语，短语

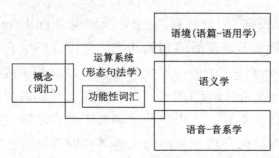

图 1.1 语言机制模块设计图

注：译自 Slabakova（2014：545），其英文原文如下：概念（词汇）——Concepts (Lexicon)；运算系统（形态句法学）——Computational system (morphosyntax)；功能性词汇——Functional lexicon；语境（语篇-语用学）——Context (discourse-pragmatics)；语义学——Semantics；语音-音系学——Phonetics-phonology

组合成更为复杂的结构。下面结合例（11）说明形态-句法界面在二语习得中的独特作用：

（11）He always takes the subway.

这里充当主语的人称代词 he 承载着"阳性""单数""第三人称"等信息，动词的形态标记-s 则承载着主谓一致、时态和体等不同的语法信息。另外，由于特征值的作用不同，英语的语序也表现出与其他语言的差异。一方面，在英语中，动词居于 VP 之内，而在某些语言（如法语和意大利语）中，在特征值的作用下，动词会升位而居于副词的前面；另一方面，英语的句法结构不允许出现主语脱落（pro-drop）现象，而汉语和西班牙语则允许主语脱落现象的存在。因此，"瓶颈假说"认为，英语中的形态标记-s 蕴含着句子内部丰富的语法信息，对二语学习者来说是一个较大的难点。

有学者以母语为挪威语的英语二语学习者为被试对"瓶颈假说"进行了验证，结果支持该假说的预测（Jensen et al. 2020）。这项研究涉及两种语言结构：主谓一致功能形态和动词第二顺位（Verb2）的句子语序。主谓一致是英语中强制性的语法规则，挪威语则没有显性的主谓一致功能形态；动词第二顺位在挪威语中是一种强制性语序，在英语中则只适用于特殊的语境。研究发现，被试在可接受性判断中识别不合语法的主谓一致时遇到的困难大于不合语法的句子语序。这说明，语言中的功能形态在二语习得方面对学习者造成的困难更大。

在形态与句法的关系中，两者的习得顺序也受到了研究者的注意。其中一种观点（形态先于句法，Morphology Before Syntax）认为，如果学习者没有掌握相关的词素（如限定动词），相应的 IP 结构则不会被习得。另外一种观点（句法先于形态，Syntax Before Morphology）认为，即使 IP 结构中存在一些无关的词素，学习者仍可习得这一句法结构（Mutiarsih et al. 2020）。一方面，虽然研究者对形态缺陷在多大程度上能够反映句法缺陷尚存在不同意见，但是形态的缺失和变异是有规律可循的，同时也与某些句法属性具有系统的相关性；另一方面，显性的形态习得与抽象的句法知识习得可能并非同步进行的，对学习者来说，句法和形态的映射是二语习得中的关键所在（戴曼纯和康悦 2009）。

1.5　二语句法操作的外部界面

在语言的外部界面，语用信息对句法操作也有一定程度的影响。传统的研究把句法和语用看作两个平行的系统，前者是对句子结构规则的研究，后者则研究如何在语境中使用语言。从句法和语用的关系看，句法是语用意义存在的基础，而语用则对讲话者句法结构的选择具有制约作用。虽然句法和语用研究的对象不同，但在很多情况下，只有从两者的界面出发才能合理解释一些句法操作现象。

1.5.1　前置句式

前置句式中的语序变化可以揭示句法-语用界面的一些特征。英语中的前置句式包括名词短语（NP）型、动词短语（VP）型、形容词短语（AP）型，以及介词短语（PP）型。其中最为常见的前置结构为 NP 型结构，在这类前置结构中，名词短语从原来的位置移位至句首，并在原来的论元位置留下一个语迹。请看下面的例句：

（12）That new book by the famous writer I haven't read yet.

在这个 NP 型前置句式中，名词短语（that new book by the famous writer）虽然发生了移位，但仍然受到句子主动词（matrix verb）的支配。从语用的角度分析，前置结构通常有着特定的上下文语境，前置的句子成分必须与语境中的上文保持信息上的关联（Birner & Ward 1998）。下面再来分析 VP 型前置结构：

（13）At the end of the term I took my first schools; it was necessary to pass, if I was to stay at Oxford, and pass I did, after a week in which I forbade Sebastian my rooms and sat up to a late hour, with iced black coffee and charcoal biscuits, cramming myself with the neglected texts.

（Birner & Ward 1998：50）

在这个语篇中，前置的动词 pass 与语境中的上文 it was necessary to pass 构成了信息上的关联，使读者读起来更加连贯、自然。在这里，发生移位的动词 pass 传递的是语篇的已知信息（given information），并在句中充当话题，这种前置结构也被称为话题前置（topic preposing）。

对二语学习者来说，识别上述句法结构中的语用信息具有一定的困难。已有研究发现，二语学习者基本上能够接受蕴含活跃信息（active information）的前置结构，但却拒绝接受蕴含可推知性信息（inferentially accessible information）的前置句式。在形态线索不足的情况下，被试在处理前置句式的语用关系时存在较大的困难（尹洪山 2010）。这一结果表明，句法-语用界面的制约属于二语习得中的一个薄弱环节，语言中的外部界面需要整合更多的语境信息，从而对学习者的习得造成较大的困难。杨盼威（2016）对中国英语学习者主题结构和焦点前置的习得进行了研究。被试为 90 名英语专业一年级本科生，英美文学、语言学和翻译方向的硕士研究生，以及高中一年级学生，分为三个水平组。研究工具为牛津快速语法测试（前测）、语法判断题和汉译英翻译题（后测）。结果显示，学习者英语主题化的习得水平与其英语语法水平成正比。随着学习者英语语法水平的提高，其主题化的习得水平也随之提高；不同水平组在关涉性主题（aboutness topic）测试中的平均分都非常低，与焦点前置、主题化和悬挂主题左偏置等三种结构相比，关涉性主题结构的平均分最低；在习得英语主题结构时，学习者在习失（unlearning）关涉性主题的特征组合方面会遇到困难。

1.5.2　英语倒装句

下面再来看一下英语倒装句的情况：

（14）She's a nice woman, isn't she? Also a nice woman is our next guest.
（Birner & Ward 1998：156）

与前置句不同的是，倒装句中形成了论元置换结构。从信息结构角度分析，倒装句一般要求前移的成分相对而言属于旧信息，后移的成分相对来说属于新信息。在这个例子中，前移的成分 also a nice woman 在上文中明确提及过，属于语篇旧信息，后移的成分 our next guest 则属于语篇的新信息。如果违反了这一制约条件，倒装结构在英语中就不会被接受。

从语篇的角度分析，这种非典型语序涉及语用信息的重组，体现了语言的顺应性和灵活性。因此，对这种句法结构的习得研究不能仅停留在句法层面，而应当全面考察倒装句在句法-语用界面的制约条件。这种句法-语用关系不仅会体现在第一语言语法中，也会成为中介语发展的制约因素。就倒装句的句法-语用关系而言，中介语能够在多大程度上体现其特有的语法属性，是需要深入研究的话题。根据尹洪山（2014）的研究，即使在符合语篇制约的条件下，二语学习者依然不能接受英语中的倒装句，而倾向于选择使用常规语序的句子。这说明，中介语的句法制约优先于语用制约，在句法制约和语用制约发生冲突的情况下，二语学习者会优先选择符合句法制约的句法形式。语用关系对中介语句法习得的影响受到了句法关系的抑制，这在其他一些类型的非典型语序的习得中也得到了验证。

乔安娜·特谢拉（Joana Teixeira）从语篇视角研究了二语学习者习得英语处所倒装（locative inversion）和 there 存现句的情况（Teixeira 2020）。被试为操葡萄牙语和法语的高水平英语学习者，研究旨在验证涉及句法-语篇界面的"界面假说"和"母语+输入假说"（L1+Input Hypothesis）。根据"界面假说"的观点，句法-语篇界面的双语加工效率低下，该界面的语言特征会表现出永久的选择性。但根据"母语+输入假说"，二语中句法-语篇界面的结构只有在一语中不同且在输入中罕见时，才会产生持久性问题。研究采用定时和不定时任务测试与处所倒装和 there 存现句相关的动词及其语篇背景。结果显示，所有的二语组被试至少在接受的一种任务中表现出了选择性，英语本族语对照组在任何任务中均未表现出选择性。结果表明，即使母语与二语具有相似性，句法-语篇界面依然会存在持续性的选择和变异，这一发现符合"界面假说"的预测。

作为语言的外部界面，句法-语用界面涉及句法特征的外部语境条件，反映了句法与语用层面进行信息传递或整合的界面状态。相对而言，外部界面信息整合的稳定性要弱于内部界面，这就给来自不同语言模块的信息处理带来了额外的加工困难。

1.6　本书的主要内容

本书主要围绕句法操作的语义、音系、形态和语用界面探讨第二语言的句法习得问题。其中句法-语义界面着重考察非宾格动词、动词的终结性（telicity）情状以及冠词语义特征对二语句法习得的影响。非宾格动词是一种特殊的不及物动词，在表层结构中存在句法表现与语义角色的错配现象，本书试图以英语存现句的习得为例揭示这种错配现象与二语句法发展瓶颈之间的关系。从动词的终结性特征来看，终结性情状的习得涉及动词固有的体特征和特定的句法结构，二语学习者能否成功习得相关语言的界面知识尚有一定的争议。虽然以往的研究有助于了解动词的终结性与句法结构之间的关系，但基于中国英语学习者开展的实证研究目前还较为鲜见，本书将就这一话题进行深入的探究，进而说明母语迁移在这一过程中的作用。就冠词的语义特征而言，冠词具有限定性和特指性两个参数。由于汉语中缺少相应的冠词系统，中国学生在习得英语冠词时普遍感到有较大的困难，即使是高级阶段的学习者，其也未必能完全掌握冠词的用法。本书将针对中国学生的习得特点，验证"界面假说"对冠词习得的预测。

在音系-句法界面，本书着眼于探究二语学习者句法意识和音韵意识之间的内在联系，研究二语韵律加工对句法操作能力的制约，进而揭示二语习得过程中句法信息加工的流利性在多大程度上受到语音条件的限制。这里需要回答的问题包括：韵律和句法是如何互动的？韵律在二语句法解歧和句法移位中发挥着怎样的作用？

形态特征对二语句法习得的影响也是本书将要讨论的话题之一。本书侧重考察学习者对形态-句法界面信息的敏感性，进而探究跨语言的功能形态差异对二语句法操作的影响，研究的范围涉及动词的时态标记和非限定结构。动词的时态系统不仅反映了动词内在的结构特征，同时也反映了句法层面的结构属性。非限定结构以谓语动词为参照点，通过构建复合时间关系表达事件的逻辑时序。本书通过考察英语动词的时态标记和非限定结构，探究形态-句法界面的信息整合如何影响二语句法操作的准确性。

在句法-语用界面，本书将着重研究语篇的信息状态对二语句法习得的影响，涉及的句法结构包括存现句、前置结构、倒装句和关系从句。对二语学习者来说，识别句法结构中蕴含的信息线索，并在句法操作中实现语用信息的编码和整合，对提高其语言的理解和表达能力具有重要的意义。这里需要深入探究的问题包括语篇衔接机制对二语句法操作的影响，以及语用信息在二语句法操作过程中的作用。

此外，本书将从准确性、复杂性和流利性的角度讨论二语句法能力的发展问题。语言的产出质量在很大程度上取决于句法操作的成效，准确性、复杂性和流利性是评价二语句法发展的重要维度，本书将对其相关的影响因素进行深入研究，并结合语言的界面对二语句法的习得研究进行展望。

最后，本书将围绕界面研究与二语句法教学展开讨论，讨论的重点涉及大纲设计、教材编写、产出技能教学和理解技能教学四个方面。从语言运用的实际情况来看，单纯地学习句子的构成规则并不能说明学习者已经具备了使用语言的能力，本书希望从新的视角为优化二语句法教学提供借鉴和启示。

1.7　研究的意义

从理论上来说，语言界面研究有助于验证界面互动在句法操作不完全习得中的作用，进一步丰富句法习得的理论体系。过去几十年来，二语习得的理论流派历经多次演变，虽从不同的视角对句法习得的相关问题进行了阐释，但都难以给出圆满的答案。传统的"对比分析假说"（Contrastive Analysis Hypothesis）试图通过对比语言之间的异同，预测第二语言学习中的困难（Lado 1957）。因此，早期的研究大多将句法习得的困难归咎于母语的负迁移。实际上，许多语言本身以外的因素也会导致一些错误的产生，如教学方法的不当、学习策略的误用等。另外，把语言错误和语言学习困难等同起来的做法也缺乏科学依据。乔姆斯基（Chomsky 1980）的普遍语法理论试图通过描述人类语言抽象的共有属性揭示语言习得的现象和本质。普遍语法的语言习得观能够在很大程度上解释母语句法习得的规律，但对成人二语句法的学习而言，普遍语法的可及性尚存在较大的争议。

随着认知科学的发展，人们对语言本质的认识不断深化，开始从大脑内部加工的角度探讨认知在语言习得中的作用。认知模式的二语习得研究历时较短，目前的一些理论和假说还不完全成熟，对一些概念的解释也不尽完善。例如，二语句法的习得涉及陈述性知识和程序性知识，但两者是否截然不同？两者的界面具有什么特点？认知理论对此并没有做出令人满意的回答。因此，从认知理论视角解释二语句法习得仍有待进一步完善。从语言功能的角度看，句子是用来传达意义的，因此，在句法研究中不能仅仅关注语言形式的习得，从功能与形式的匹配角度研究句法习得成为一个新的趋势。

本书基于语言的界面理论对二语句法的习得进行深入研究，充分考虑语义、音系、形态和语用因素在句法习得中的作用，在一定程度上弥补了传统理论模式的局限和不足，有助于揭示语言系统的复杂性和不同界面的本质差异，对认识二语句法发展和变异的规律具有启发意义。

从实践上来说，本书的研究有助于外语学习者减少语言交际中的句法操作失误，提高语言表达的准确性、流利性和复杂性。传统的句法教学过于偏重结构和规则的讲解，教师往往不会鼓励学生使用一些比较复杂的句子，或者语序比较特殊的句子。学生掌握的大多是常规的语序，对影响句法结构变异的界面因素并不熟悉。这种教学策略会导致学生拘泥于课堂上学到的有限的句子形式，在真实的语境中开展语言交际时，句法表达不仅容易出现形式和功能的错配，而且缺少必要的灵活性。本书的研究有助于克服教学中出现的这种现象，从而提高句法教学的针对性和有效性。

另外，本书开展的研究可以为教学大纲设计和教材编写提供依据，有助于提高教学内容的科学性和可学得性。教学大纲是教学中具有指导意义的纲领性文件，不同的大纲设计理念对二语句法习得产生了不同程度的影响。传统的结构大纲（structural syllabus）过度注重语言形式的准确性，无法合理解释句法构式基于语言界面的互动所表现出的变异性。从语言界面的角度看，大纲的设计不能仅仅关注语言结构或语言功能本身，还应当充分考虑语言界面的信息整合，把制约句法能力发展的界面变异因素纳入视野。此外，教材的编写也应体现这一思路，将句法在特定语境条件下的变异纳入教材编写的考量范围，有助于学生接触多样化的句型结构，提高语言表达的流畅性。

另外，本书的研究结果可以帮助教师优化二语句法教学活动，使教学的安排更加符合真实交际语境的需要，以提高外语教学的效率和效益。多年来，外语教学一直被诟病"费时低效"，其中的部分原因在于外语教学的内容安排缺乏合理依据，内容重叠现象较为严重，学生的语言能力进步缓慢，即使到了大学阶段许多学生的英语表达仍然不能过关。学生语言表达中问题较多的一个方面就是句法能力欠缺，这与教学过程忽略交际语境的信息编码方式有关。本书的研究从语言界面理论出发，聚焦二语句法与语义、音系、形态和语用等语言模块的互动，为教师的教学过程安排提供新的思路。

1.8 本 章 小 结

从语言模块的界面出发探究第二语言的习得过程有助于发现导致学习者语言能力发展的瓶颈所在，这也是以往的研究中容易忽视的方面。语言的内部界面和外部界面对语言习得有着不同的制约机制，一般认为，在习得句法的内部界面时，认知加工均处在语言本身的运算之内，句法操作相对容易；外部界面则涉及复杂的信息加工，学习者在习得与此相关的句法操作规则时会遇到较多的困难。现有的研究结果部分证实了这一预测，但仍有许多方面需要进一步的验证。另外，句法与形态、语义、语用等模块之间存在着较为复杂的界面关系，这类句法结构的习得规律需要从多重界面的关联和互动中寻找答案。本书开展的研究有助于验证界面互动在界面因素不完全习得中的作用，进一步丰富句法习得的理论体系，在揭示中国英语学习者句法共性特征的基础上，为外语教学提供理论和实践方面的借鉴和启示。

第2章

二语句法操作的语义界面

句法-语义界面涉及语言研究的不同模块和领域，是理论语言学和语言习得研究的焦点之一。本章将结合动词非宾格性、终结性情状以及冠词系统的语义特征探究二语句法的习得问题，为揭示二语句法操作的限制条件提供启示和思考。

2.1　非宾格结构[①]

根据珀尔马特的"非宾格假说"，可以将英语的不及物动词分为非宾格动词和非作格动词，两者具有不同的句法表现（Perlmutter 1978）。"非宾格结构在其表层结构中，展现出论元位置与题元角色不匹配的特征，是句法-语义接口的非典型映射结构。"（曾涛等 2022：90-91）非宾格动词的句法表现受动词本身的语义限制，二语学习者能够在多大程度上习得这种句法-语义界面的限制条件，对其句法操作的变异具有重要的影响。

2.1.1　存现句中的非宾格动词

在英语中，存现句属于一种非典型语序（non-canonical order）。在这

---

① 本节内容发表于《西安外国语大学学报》2018 年第 2 期，收录于本书时进行了相应修改。

种非典型语序中，实义主语移位于动词之后，原来的主语位置则由虚位 there 填充。较早的研究（如 Lumsden 1988）认为，存现句允许使用的动词除了 be 以外，主要为一些表示"存在"（exist）、"出现"（appear）、"发生"（occur）等概念的非宾格动词。非宾格动词作为一种特殊的不及物动词，其句法上的主语通常被看作深层结构的宾语，而非施事。例如，在"No life exists on other planets."中，no life 虽然在表层结构中作主语，但在深层结构中作宾语。这个句子中的实义主语 no life 移位至动词之后，原来的位置可用 there 填充，得到"There exists no life on other planets."。一般来说，除非宾格动词外，其他的不及物动词不能用于存现句，存现句的这种语义限制条件被称为非宾格制约（unaccusative restriction）（Kuno & Takami 2004）。

根据张克定（2008）的研究，可以将存现句常见的动词形式分为三类：移动动词（verbs of motion）、始发动词（verbs of inception）、姿势动词（verbs of stance）。移动动词包括 come、run、swim、arrive 等；始发动词包括 begin、emerge、spring up、occur 等；姿势动词包括 exist、lie、live 等。

需要指出的是，上述动词并非都属于非宾格动词。例如，run 和 swim 属于非作格动词，这类动词在用于存现句时有着更为严格的限制条件。在下面的两个句子中，例（1a）是不被接受的，但例（1b）则是合乎英语用法的。

（1）a. *There ran a grizzly bear out of the bushes.

b. There ran out of the bushes a grizzly bear.

（Kuno & Takami 2004：65）

通过比较我们可以看出，例（1a）和例（1b）的不同语序对其可接受程度产生了较大的影响。因此，存现句的可接受程度既受动词的语义条件制约，也受句法结构本身的影响，体现了语义和句法之间的互动关系。在以往的研究中，研究者关注的大多是以动词 be 或非宾格动词为主的存现句习得，但对存现句的非宾格制约及其违反条件没有给予足够的重视，本节拟从语言界面的视角对这一现象进行深入研究和探讨。

2.1.2　非宾格动词的句法-语义特征

通过对非宾格动词和非作格动词的深层结构进行比较，可以进一步了解非宾格动词的句法-语义特征。

（2）The boy <u>smiled</u>.

（3）His leg <u>broke</u>.

在例（2）中，smiled 为非作格动词，句子的主语 the boy 在深层结构中为施事。在例（3）中，broke 则为非宾格动词，句子的主语 his leg 在深层结构中为 broke 的受事宾语。其不同的句法结构可以表示如下：

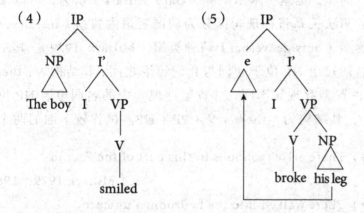

在英语中，与 break 相似的非宾格动词还有 open、sell、melt、burn、sink 等。这类非宾格动词兼有不及物动词和及物动词两种用法，试比较：

（6）a. He <u>sold</u> his house.（及物）

b. His house <u>sells</u> well.（不及物）

在例（6）的两个句子中，sell 的逻辑主语在深层结构中分别作施事主语和受事宾语，属于成对非宾格动词。此外，某些非宾格动词只有不及物动词的用法，既可用于常规的主谓结构，也可用于 there 存现句。例如：

（7）a. An enemy plane <u>appeared</u> in the sky.

b. There <u>appeared</u> an enemy plane in the sky.

这两个句子都表示事物在特定空间范围内的"出现"概念，例（7a）为常规的 SVA 语序，例（7b）则为 NP 后置的语序。从句法关系来说，SVA 语序对动词的制约相对较少，只要求其为不及物动词即可，但在 there 存现句中，情况却要复杂得多，涉及更多的制约条件。

2.1.3　存现句的非宾格制约

在语言学研究中，存现句的上述句法和语义限制条件很早就受到了研究者的关注。例如，加里·米尔萨克（Gary Milsark）认为，可以根据动词与实义主语的句法关系将存现句区分为动词短语内置型（inside verbal）和动词短语外置型（outside verbal）两种类型（Milsark 1979）。其中，内置型存现句的名词短语 NP 位于动词与介词短语之间，其结构为：there + V + NP + PP。与内置型存现句不同，外置型存现句中的名词短语 NP 位于介词短语 PP 之后，其结构为：there + V + PP + NP。试比较下面的两个句子：

（8）There arise typhoons in this part of the Pacific.

（Milsark 1979：196）

（9）There walked into the bedroom a unicorn.

（Milsark 1979：246）

在这里，例（8）为内置型存现句，例（9）为外置型存现句。米尔萨克指出，上述两种存现句不仅在语序方面存在不同之处，而且在动词的语义制约条件上也存在差异。与外置型存现句相比，内置型存现句的动词所受的语义制约条件更加严格，其表达的含义主要涉及"存在"或"出现"等概念；外置型存现句的限制条件没有这么严格，动词所表达的含义则较为宽泛，并不限于 exist、appear、arise、occur 等非宾格动词。米尔萨克认为，外置型存现句中的动词应当满足两个方面的制约条件：一方面，动词应为不及物动词；另一方面，该动词需与表示地点的词组连用（Milsark

1979）。从某种程度上来说，米尔萨克的研究为人们认识存现句的界面特征开拓了思路，在存现句的研究中具有里程碑式的意义。不过，他所提出的外置型存现句动词的制约条件不够具体和明确，其结论也有一定的局限性。

除了米尔萨克之外，其他一些学者也对存现结构进行了研究。例如，从"非宾格假说"的角度看，内置型存现句的动词具有非宾格性，但对外置型存现句来说，其动词并不局限于非宾格动词（Levin & Rappaport Hovav 1995）。不过，这一观点并没有充分说明外置型存现句的动词受哪些语义条件的制约。国内一些学者也对存现句的制约条件进行了研究，但没有充分注意到内置型和外置型两种类型存现句在语义和句法方面的差异，如顾阳（1997）认为，存现句的一个必要条件就是动词应当具有"存在""出现""坐落""发生"等方面的含义。根据这一观点，非作格动词和及物动词并不蕴含上述概念，因此不能用于存现句，只有非宾格动词符合存现句的句法-语义条件。实际上，顾阳的观点只适用于解释内置型存现句的句法和语义关系，而无法对外置型存现句作出合理的解释。因此，需要进一步思考的问题是：外置型存现句是如何在违反非宾格制约的同时又实现了合乎英语用法这一目的呢？

也有学者的研究（如 Kuno & Takami 2004）发现，存现句的可接受性并不在于动词的语义内容本身，而是取决于动词（或与表示处所的介词短语搭配）所呈现的"存在"或"出现"等意义是否具有可视性（observable）。一些非作格动词也能用于英语外置型存现句，虽然这些动词本身并不具有"存在""出现"等含义，但可以借助介词短语的语序变化派生出语义上的非宾格性，由此通过句法和语义的互动突破存现句原有的制约条件，例如：

（10）Suddenly there ran out of a hidden crack a very tiny mouse.

（Kuno & Takami 2004：51）

在例（10）中，ran 并不是非宾格动词，其本身并不蕴含"出现"或"发生"含义。虽然动词 ran 为非作格动词，并不满足存现句的语义制约条件，但句中的介词短语 out of a hidden crack 通过移位与其直接搭配，表示"从暗藏的裂缝里窜出……"之义，赋予了该句一种呈现功能，满足了存现结构的句法-语义条件。从语言认知的规律来看，外置型存现句的特点是，可以借助视觉将感知到的外部世界的事物以结构完形的方式表达出来。外置型存现句的这一特点使得这种句式可以在特定的时空框架内呈现事物。由此可见，非宾格动词与非作格动词之间只是一种程度上的差异（Hirakawa 2013），对存现句而言，动词本身的非宾格性并不是绝对的制约条件。这是因为，语序的变化对动词的语义内容具有一定的补缺作用，在特定的句法-语义条件下，存现句原有的语义制约条件也可以被违反，其可接受程度也会发生相应的变化。对英语本族语者而言，他们可以在日常的语言输入中接触不同类型的存现结构，从而习得这种句法-语义的语言界面知识。对二语学习者来说，目的语输入的贫乏性会对他们习得存现句的界面知识造成一定的困难，句法-语义界面的研究有助于揭示存现句习得过程的复杂性和独特性。

2.1.4 存现句的界面知识习得

在以往的研究中，语言的界面知识并没有受到充分的重视，研究者大多关注内置型存现句的习得，旨在揭示非宾格动词习得中的句法-语义问题（如吴旭东和刘丽 2002；Lozano & Mendikoetxea 2010；张达球和乔晓妹 2013；张达球 2015 等）。吴旭东和刘丽（2002）通过对中国英语学习者英语存现动词的习得情况进行研究，发现影响英语存现句习得的主要因素包括两个方面，即非宾格动词独特的语义和句法表征与母语相关的特征，两者的共同作用对存现动词的习得至关重要。国外则有研究发现，二语学习者在习得存现句时，动词的非宾格性虽然是一个必要条件，但并不是充分的制约因素。这是因为，存现句的 NP 主语蕴含着一定的语言界面特征，这种界面特征也会影响存现句的习得（Lozano & Mendikoetxea 2010）。根据张达球（2015）的研究，母语与目的语之间在非宾格结构方面存在的句法和语义重合对存现句的习得具有重要影响。

从以上的研究可以看出，动词的非宾格性对存现句的习得具有制约作用，说明语言的界面知识会对二语学习者造成一定的习得困难。根据"界面假说"，界面知识涉及语言认知的不同模块机制，对二语学习者来说往往是一个习得的难点，二语句法与其他认知领域之间的界面特征可能永远无法被学习者所完全习得（Sorace & Filiaci 2006）。不过，也有学者提出了不同的看法。一方面，不同的语言界面会导致不同程度的习得困难；另一方面，同一界面在不同的语言中也会有不同的语言习得问题（White 2011）。根据袁博平的观点，语言界面所涉及的信息加工量才是习得的关键所在，界面本身可能并非导致学习者习得困难的根本原因（袁博平　2015）。

由此可见，研究者对界面知识在二语句法习得中的作用尚未达成一致。有的学者认为，句法-语义界面所涉及的认知加工属于语言运算的内部过程，内部界面的习得相对来说较为容易（Sorace 2011）。不过，朱秀杰和王同顺（2016）对中国英语专业大学生的口笔语语料进行了研究，发现其对非宾格动词的使用存在过度被动现象，说明学习者并未掌握非宾格方面的知识，该研究结果不支持先前研究（Sorace 2011）的这一预测。曾涛等（2022）的研究发现，中国英语学习者对存现句非宾格结构的在线加工速度较慢且存在困难，研究结果一方面支持"非宾格假说"的预测，但另一方面也反映出"界面假说"中有关内部界面的习得观点存在局限性。

存现句特有的句法-语义互动关系体现了语言界面的复杂性。对二语学习者来说，习得存现结构的句法操作和变异规律对语言能力的发展来说具有重要意义。二语学习者掌握存现句的界面知识程度的不同，反映了句法能力发展中不同制约因素的相互作用。以往的二语习得研究大多局限于内置型的存现句，针对外置型存现句的实证研究尚不多见，基于这两种类型的存现句习得开展的对比研究更为鲜见，下面将通过一项实验对此加以分析和讨论。

2.1.5　研究设计

本研究采用定量方法，拟回答以下两个问题：二语学习者是否能够顺利习得内置型/外置型存现句不同的非宾格制约条件？目的语水平对学习者习得存现句的非宾格制约条件有何影响？

本研究的被试为山东省某高校的 120 名非英语专业大一学生，根据其前一学期的期末考试成绩被分为高、低两个水平组，每组 60 人。高水平组和低水平组内部再随机各分为 A、B 两个水平相当的被试组。被试的分组情况如表 2.1 所示。

表 2.1　高、低水平组被试分组情况

被试	高水平组		低水平组	
	A组	B组	A组	B组
被试人数	30	30	30	30
分组平均成绩	69	70	52	53

独立样本 t 检验表明，A、B 两个高水平组之间没有显著性差异（$p>0.05$），可以看作同质的被试组。A、B 两个低水平组之间也没有显著性差异（$p>0.05$），两者亦具有同质性。另外，高水平 A 组和低水平 A 组之间存在显著性差异（$p<0.05$），高水平 B 组和低水平 B 组之间也存在显著性差异（$p<0.05$）。

为回答本研究的两个问题，研究者设计了两份问卷（参见附录 1）。问卷 A 的实验句均为内置型存现句（结构为 there + V + NP + PP），实验句包括两个测点，测点 1 的内置型存现句涉及非宾格动词，测点 2 的内置型存现句涉及非作格动词，例如：

测点 1：内置型存现句（非宾格动词）

There exist many fine buildings in London.

There appeared a police officer around the corner.

测点 2：内置型存现句（非作格动词）

There walked two young people into the courtroom.

There ran three young girls out of the building.

在测点 1 中，exist 和 appear 等非宾格动词表示非自主性的"存在"或"出现"等概念；在测点 2 中，walk 和 run 等非作格动词主要表达自主性的"身体移动"概念。从句子的可接受性来看，测点 1 中的存现句符合英语的用法，测点 2 中的存现句违反了非宾格制约，不可被接受。

在研究者设计的问卷 B 中，实验句均为外置型存现句（结构为 there + V + PP + NP），问卷 B 中的实验句除了语序不同，与问卷 A 中的实验句完全相同，例如：

测点 3：外置型存现句（非宾格动词）

There <u>exist</u> in London <u>many fine buildings</u>.

There <u>appeared</u> around the corner <u>a police officer</u>.

测点 4：外置型存现句（非作格动词）

There <u>walked</u> into the courtroom <u>two young people</u>.

There <u>ran</u> out of the building <u>three young girls</u>.

在测点 3 和测点 4 中，外置型存现句的实义主语移位到了介词短语之后。在语序发生变化的情况下，存现句的句法–语义关系会发生相应的变化。以测点 4 为例，非作格动词 walk 与介词短语 into the courtroom 直接搭配，为引入句子的实义主语增加了时空框架中的可视性，语序的变化增加了这类存现句的可接受性。

问卷 A 和问卷 B 的每个测点各由 5 个实验句组成，同时每份问卷增加了 15 个干扰句，随机排序后由被试在规定的时间内完成。其中高水平 A 组和低水平 A 组应答问卷 A，高水平 B 组和低水平 B 组应答问卷 B。被试在利克特量表上进行可接受性判断，研究者将数据收集以后通过 SPSS 统计软件进行分析。

2.1.6　研究结果

表 2.2 列出了不同水平组的被试对内置型和外置型两种存现句的接受程度。

表 2.2　内置型和外置型存现句可接受性判断均值统计量

水平组	内置型		外置型	
	测点 1	测点 2	测点 3	测点 4
高水平 A 组	3.31	2.53	—	—
低水平 A 组	3.22	2.51	—	—
高水平 B 组	—	—	3.66	3.45
低水平 B 组	—	—	3.02	2.73

在内置型存现句的判断中，高水平组对测点 1 实验句的接受程度明显高于测点 2 中的句子，均值分别为 3.31 和 2.53。低水平组的被试也表现出同样的趋势，均值分别为 3.22 和 2.51。这种情况说明，二语学习者更容易接受含有非宾格动词的内置型存现句，倾向于拒绝接受涉及非作格动词的存现句。结果表明，二语学习者在一定程度上能够意识到内置型存现结构中的非宾格制约。

对外置型存现句来说，虽然测点 4 中的动词为非作格动词，但由于语序发生了变化，这类动词可以与前置的介词短语搭配产生非宾格效应。那么，二语学习者的中介语语法中是否具有这种知识呢？从表 2.2 可以看出，高水平组被试的这种意识更强一些，对含有非作格动词的外置型存现句可接受程度明显提高，均值为 3.45。低水平组对这类存现句的可接受程度虽也有一定提高，但幅度不大，均值仅为 2.73，说明低水平组仍不接受这类存现句。

图 2.1 可以更直观地显示两组被试在内置型和外置型存现句可接受性判断中的情况。

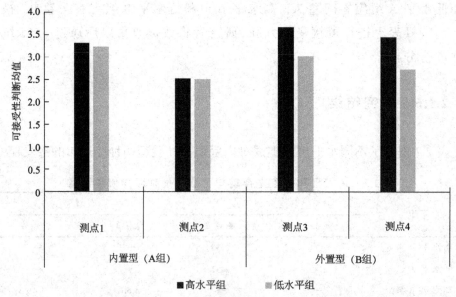

图 2.1　内置型与外置型存现句可接受程度

为了进一步解释被试在两种类型存现句可接受性判断中的差异，研究者对其均值进行了参数检验。

表 2.3 中测点 1 和测点 3 的 t 检验显示，无论是高水平组还是低水平组，对含有非宾格动词的内置型存现句和外置型存现句的接受程度都没有显著差异。这说明，对这类存现句而言，被试的接受程度不受句法结构的影响，动词语义上的非宾格性是制约存现句可接受性的最重要因素。

表 2.3 内置型和外置型存现句可接受性独立样本 t 检验统计量

测点	水平组	自由度	t 值	p 值（双尾检验）
测点 1-测点 3	高水平组	58	−1.57	0.123
	低水平组	58	1.03	0.308
测点 2-测点 4	高水平组	58	−3.69	0.000**
	低水平组	58	−1.01	0.316

注：**表示 $p<0.01$，下同。

测点 2 和测点 4 中存现句的动词为非作格动词，高水平组的被试对内置型和外置型实验句的接受程度存在显著差异，低水平组没有表现出显著性差异。这说明，学习者的目的语水平越高，越容易识别语序变化对外置型存现句的影响和制约。

为了进一步了解两个水平组在不同测点上的可接受性判断是否存在显著差异，研究者进行了独立样本 t 检验。如表 2.4 所示，高水平组和低水平组在测点 1 和测点 2 方面均没有表现出显著差异（$p>0.05$），在测点 3 和测点 4 方面均存在显著差异（$p<0.01$）。这种情况说明，高水平组和低水平组在内置型存现句可接受性判断中差异不大，差异主要表现在外置型存现句的可接受性判断中。与高水平组的学习者不同，低水平组的被试习得外置型存现句的非作格动词时遇到较大的困难。

表 2.4　高、低水平组存现句可接受性独立样本 *t* 检验统计量

被试组	测点	自由度	*t* 值	*p* 值（双侧）
高水平组-低水平组	测点 1	58	1.12	0.694
	测点 2	58	2.02	0.949
高水平组-低水平组	测点 3	58	0.19	0.002**
	测点 4	58	1.33	0.007**

通过观察图 2.2，我们可以更加直观地了解目的语水平对存现句可接受性的影响。

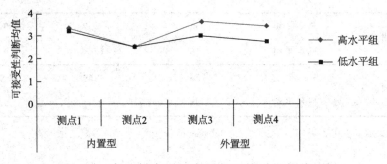

图 2.2　高、低水平组存现句可接受性折线图

2.1.7　讨论

2.1.7.1　存现句的制约条件习得

从前面的分析来看，内置型和外置型存现句有着不同的限制条件。高低两个水平组均对内置型存现句的非宾格制约比较敏感，从而倾向于拒绝接受测点 2 含有非作格动词的内置型存现句。这种情况说明，被试在习得内置型存现句的句法-语义制约条件时没有遇到困难。不过，与外置型存现句相比，内置型存现句蕴含的句法-语义制约条件和界面信息并不复杂。但在外置型存现句中，尽管有些动词本身并不具有非宾格性，但这些动词可与介词短语结合从而在语义上产生变化，被试在可接受性判断中需要整合的界面信息量明显增多。本研究发现，被试首先掌握的是内置型存现句，

随着二语水平的提高，会逐渐习得结构更为复杂的外置型存现句。我们可以从以下两个方面对这一结果进行解释。

　　首先，内置型存现句和外置型存现句涉及的句法-语义制约属于语言的内部界面。虽然"界面假说"认为处于语言界面的特征可能永远难以习得（Sorace & Filiaci 2006），不过近年来的研究发现，并非所有的界面特征都难以习得，不同的语言界面对学习者的习得具有不同的影响。作为语言的内部界面，句法-语义制约条件对学习者造成的困难总体来说并不大。这是因为，语言内部界面涉及的是语法内部的不同模块，不同于语言的外部界面，内部界面具有相对稳定性。在内置型存现句中，动词表达的含义主要为"存在"和"出现"等，存现句的这种非宾格制约具有跨语言的普遍性，对二语学习者不会造成较大的困难。与此相比，外置型存现句所蕴含的制约条件更为复杂，句中的非作格动词与表示方向的补语连用可赋予该动词短语非宾格性。英汉两种语言中都可以发现相似的结构，试比较：

（11）a. There jumped from the balcony a thief.

　　　b. 从阳台上跳下来一个小偷。

　　学习者在习得外置型存现句时，往往会将其母语中的句法-语义关系迁移到二语学习中,高水平组的被试能够较容易地实现这种跨语言的迁移。这从一个侧面验证了张达球（2015）的研究结果，即母语与目的语之间在非宾格结构方面存在的句法与语义重合对存现句的习得具有重要影响。在外置型存现句中，英汉两种语言均存在使非作格动词实现非宾格化的句法-语义条件，学习者对这一制约条件的敏感性是能否成功习得的关键。

　　其次，与内置型存现句相比，外置型存现句的结构较为复杂，这对低水平组的被试来说存在一定的习得难度；但高水平组的被试习得这种句式并不存在较大困难。那么，除了借助语言的迁移机制习得这种句法-语义关系外，还有什么因素有助于学习者顺利掌握这种结构呢？实际上，虽然外置型存现句的句法结构复杂，但动词本身属于非作格动词，表达的语义相对简单，与介词短语连用时会产生非宾格属性，语义上依然能够表达"出现""发生"等含义。因此，外置型存现句具有"复杂句法-简单语义"的结构特点，这种句式虽然结构较为复杂，但其在句法-语义上有着较高的匹配程度，语义相对简单。正如斯拉巴科娃（Slabakova 2010）的研究所指出的那样，二语学习者在习得"复杂句法-简单语义"的结构时，一般不会存在习得困难。本研究在一定程度上为这一观点提供了证据，高水平组被试的习得情况与这一预测相符，但低水平组的习得情况与此并不一致。本研究有助于说明两个方面的问题：句子本身的复杂性并不是二语习得的难点所在，句子语义层面的复杂程度才是习得的关键；同时，二语学习者的目的语水平也是一个重要的考量因素。

2.1.7.2 目的语水平的影响

从本研究的结果看，目的语水平对不同类型存现句的习得有着不同的影响。高水平组和低水平组在内置型存现句习得中没有表现出显著差异，但在习得外置型存现句时却表现出了显著差异。外置型存现句的结构更加复杂，学习者需要达到一定的目的语水平才能识别句中的形式和功能匹配关系。这一发现说明：一方面，存现句的习得与句法内部运算的复杂程度成反比；另一方面，存现句的习得程度与学习者的目的语水平成正比。这种情况与戴曼纯和梁毅（2007）的研究结果在一定程度上相吻合，也就是说，存现句的习得具有阶段性特点，学习者对存现句的掌握具有结构类型差异，存现句的结构越复杂，习得的阶段越靠后。从认知的角度来看，存现句的复杂性主要体现在句法内部的图形-背景关系上，对这种结构的习得涉及学习者对外部世界的概念整合。图形-背景关系反映了语言认知的规律，事物的凸显性和完整性越高，大脑越易于组织语言进行表达。内置型存现句的图形-背景关系被学习者习得后，会在大脑中形成一种认知图式；在外置型存现句中，原有的图形-背景关系发生了变化。背景所表征的时空框架（介词短语）通过前移在语义上补缺了动词的"存在"或"出现"含义，使图形所表征的事物具有了一种可视性，从而可以使非作格动词在特定的语境中实现非宾格化。对二语学习者来说，习得这种复杂的句法-语义关系需要对原有的概念进行重新整合，需要加工的信息量和难度明显增大。这从一个侧面说明，界面本身可能并不是习得的难点所在，界面所涉及的信息量对学习者的习得至关重要（袁博平 2015）。对语言水平较低的学习者来说，外置型存现句的确存在一个可学得性问题。一方面，如果学习者尚未在心理语言上准备就绪，目的语水平就会制约其对复杂结构的认知，在加工外置型存现句的过程中就会遇到一些困难；另一方面，语言输入的贫乏性也是导致学习者习得困难的一个原因。外置型存现句大多用于较为正式的文体，低水平组的被试在日常学习中接触外置型存现句的机会不多，往往难以理解这类存现结构所蕴含的句法-语义的互动关系。

2.1.7.3　句法-语义界面的习得问题

对于存现句这种涉及语序变化的结构来说，非作格动词在哪些句法条件下能够实现非宾格化是习得的关键问题。本研究的发现有助于人们从一个新的角度来考察句法-语义界面的习得难度问题。围绕语言的内部界面和外部界面，有些学者（如 Sorace 2011）认为，像句法-语义这样的内部界面不会对二语学习造成困难。本研究的发现与这一预测部分相符，在学习者习得外置型存现句所涉及的内部界面时，高水平组的学习者没有遇到较大困难，但低水平组的学习者遇到了较大的困难。这种情况说明，句法-语义界面的习得难度不能一概而论。对不同目的语水平的学习者来说，语言的内部界面存在不同程度的可学得性问题。也有学者曾就语言界面的学习问题提出过这样的两个问题：首先，句法-语义界面是否一定不存在习得困难；其次，句法-语义界面习得成功的结果是否是由所选的语言现象所导致的（White 2011）。目前有研究表明，即使对同一个语言结构进行考察，学习者的习得程度也会存在差异，因此不能把某个界面当作统一的整体看待（Yuan 2010；戴曼纯 2014）。由此可见，对二语学习者来说，句法-语义界面的习得难度并不是完全一致的，这既与所学的具体语言结构相关，也因学习者的目的语水平而异。

上述分析进一步说明，虽然界面特征会对二语句法学习造成一定的困难，但界面并不是导致习得困难的唯一因素。了解非宾格制约的习得特点对第二语言教学也有重要的启示意义。如果重新审视存现句的句法-语义特征，可以发现，非作格动词通过改变句子的语序能够实现非宾格化，这一前提条件是二语学习者需要掌握界面知识。不过，仅仅依赖句法或语义规则并不能完全习得存现句的制约条件。如果学习者没有积累足够的语言界面知识，有可能导致习得过程中出现句法-语义的错配现象。换句话说，单纯的句法或语义知识并不难习得，难点在于如何使学生认识到非宾格制约的局限性，即句法与语义的互动在语言界面所产生的形式-意义映射。此外，并非所有的非作格动词都可以在外置型存现句中实现非宾格化。对第二语言教学而言，关键在于使学生认识到非宾格制约的局限性，即句法因素与语义因素如何在语言界面中形成互动。因此，教师要主动介入到这一过程中，帮助二语水平较低的学习者认识到非作格动词进入存现句的前提条件。通过进行有意识的课堂讲解和训练，可以避免学生在学习中出现句法-语义的错配现象。

本研究基于句法-语义界面对英语存现句习得中的非宾格制约进行了研究，结果表明：在对内置型存现句进行可接受性判断时，高、低两个水平组被试对该句式的非宾格制约都比较敏感，同时倾向于拒绝接受涉及非作格动词的内置型存现句；在对含有非作格动词的外置型存现句进行可接受性判断时，高水平组的被试能够容易地识别语序变化对语义关系的映射作用，相对而言，低水平组的被试在识别这种制约关系时遇到较大困难。另外，目的语水平的影响也不容忽视，存现句的习得具有阶段性特征，二语学习者的目的语水平越高，越能在句法操作中借助语言的普遍性和母语迁移的作用，从而能够更加有效地在句法-语义界面实现形式与功能的匹配。

2.2　终结性情状

从跨语言的角度看，终结性情状的语义特征在某种程度上具有合成性，不仅会受动词固有的体特征制约，也受词组内部其他成分的影响。同时，动词的终结性情状在句法层面具有不同的操作限制，对第二语言学习者来说，习得目的语的终结性情状意味着对母语参数的重新设置，这会在一定程度上影响第二语言的句法发展和变异。

2.2.1　终结性情状的概念

在语义学研究中，一些学者（如 Dowty 1979；Krifka 1992）较早关注到了动词情状中的终结性特征，这一方面的研究很快成为语义学领域的热点话题。终结性/非终结性属于动词情状的一种类型，另外两种情状类型包括静态性/动态性，以及瞬时性/持续性（Comrie 1976）。终结性动词通常涉及一种内在的、自然的终点，该类动词描述的是一个事件的完整过程。例如：

（12）a. Claire ate an apple.

b. Claire ate apples.

c. Claire ate the apples.

（Slabakova 2001：3）

在例（12a）中，动宾短语 ate an apple 表达的是终结性含义，该动作暗示了一个明确的终点，即"吃苹果"这一事件已经结束。例（12c）中动宾短语 ate the apples 表达的同样是终结性含义，句中涉及的事件已经结束。由此可见，终结性事件描述的是一个非匀质的过程，既包含了事件的起点，也暗示了事件的终点。与此不同的是，例（12b）中的 ate 表达的是一种非终结性含义，动词的非终结性通常不涉及动作的终点，描述的是一种匀质的过程。再如：

（13）Claire ran for an hour.

（Slabakova 2001：24）

在这里，动词 ran 表达的是非终结性含义，句子描述的并非事件的整个场景，因此该句也没有暗示动作的终点，事件中描述的动作（奔跑）在句中是匀质的。

如果对例（12）中的几个例句进行深入分析可以发现，终结性与非终结性情状并不仅仅涉及动词本身所表达的语义内容，也与宾语的状态密切相关。例如，在例（12a）中，宾语为单数形式，无定指称；例（12b）中，宾语则为复数形式，且为无定指称；而在例（12c）中，宾语为复数形式，且为有定指称。例（13）中的动词没有宾语，事件蕴含的非终结性含义与动词后面的介词短语 *for an hour* 密切相关。这种情况说明，英语动词的终结性是一个涉及界面知识的情状参数，二语学习者能够在多大程度上在中介语中对其进行重设，是一个需要深入探究的话题。以往的研究者曾经从不同的角度进行了研究（如 Bardovi-Harlig 1992；Bardovi-Harlig & Reynolds 1995；Slabakova 2000；尹洪山和杨连瑞 2012；Xu 2013；Phan & Duffield 2021 等），但研究的结论并不完全一致。本节将从句法-语义的界面视角对终结性情状参数在二语习得中的重设问题进行研究。

2.2.2 终结性参数的跨语言界面特征

根据卡罗尔·坦尼（Carol Tenny）的定义，动词的终结性指的是一个事件在时间上具有明确、固有终点的属性。终结性与非终结性的区别较早受到了语义学家的关注（Tenny 1994）。例如，泽诺·文德勒（Zeno Vendler）曾经研究了动词意义的体结构与语言特征之间的关系，并将动词的意义分为四种类型（Vendler 1967）：

状态动词：<u>know</u> the answer
活动动词：<u>laugh</u>
成就动词：<u>build</u> a house
达成动词：<u>win</u> the race

一般来说，成就动词和达成动词表达的是终结性概念，而状态动词和活动动词表达的往往是非终结性含义（Yin & Kaiser 2011）。例如，一方面，在 know the answer 中，动词描述的是一个不需要自然或固有终点的事件，即非终结性；另一方面，build a house 则暗示了事件的终点。需要指出的是，由于其他因素的作用，终结性/非终结性的区别要复杂得多。例如，同一个动词加上不同的介词短语可能会导致不同的解读。

（14）a. His father ran a mile in an hour.（终结性）
　　　 b. His father ran for an hour.（非终结性）

当涉及可数名词的宾语时，复数也可以影响动词的终结性。请看下面的例子：

（15）a. Steve built a house.（终结性）

b. Steve built houses.（非终结性）

在例（15a）中，单数宾语表示"建房子"的行为已经完成，而在例（15b）中，复数宾语并不意味着事件的终点。另外，宾语的定指性也会影响终结性的含义，例如：

（16）a. Lisa washed dishes.（非终结性）

b. Lisa washed the dishes.（终结性）

在这里，例（16a）的非终结性含义取决于宾语的复数形式，句子描述的事件暗示着只洗了一些盘子，因此该句表示的是一个未完成的动作。在例（16b）中，名词短语的定指性使该句表达了一种终结性含义，暗示着所有的盘子已经洗完。

动词的终结性在不同的语言中具有不同的参数设置。例如，在保加利亚语等斯拉夫语言中，事件的终结性并非借助宾语的特征表现出来的，而是通过动词的形态变化体现的。试比较下面的两个句子：

（17）a. Bistra jad-e　　parče torta.

Bistra eat-PAST piece cake.

"Bistra ate at a piece of cake (but the piece is not finished)."

b. Bistra　iz-jad-e　　　parče torta.

Bistra PV-eat-PAST　piece cake.

"Bistra ate a piece of cake (and there is nothing left)."

（Slabakova 2001：4）

例（17a）中的事件表达的是非终结性含义，暗示着蛋糕还没有被吃完；而在例（17b）中，动词暗示则是事件的自然终点，即蛋糕已经被吃完。根据斯拉巴科娃（Slabakova 2001）的研究，保加利亚语中的终结性不是由宾语的特征来体现的，而是由动词的形态标记来表示的，如例（17b）中的动词前缀 iz-。

与欧洲语言不同，汉语中的动词缺少形态变化，无法像保加利亚语那样借助动词词缀表达事件的终结性。此外，汉语中的名词在形态上也没有单复数之分，无法通过单复数形式的不同来表达事件的终结性含义。不过，汉语中的终结性可以借助量化的宾语进行表达，试比较下面的两个句子：

（18）a. 李四能在五分钟内吃三碗面。

b. *李四能在五分钟内吃面。

（Liu 2003：13）

例（18a）中的"吃三碗面"表达的是一个指向终点的事件，该句在汉语中是一个合乎语法的句子；例（18b）则不同，"吃面"是一个没有量化的名词短语，与句中的"五分钟内"相矛盾，因此，该句在汉语中是不合语法的。但在下面的两句中，情况则完全相反：

（19）a. ？张三在吃三碗面。

b. 张三在吃面。

（Liu 2003：14）

刘凤樨（Feng-hsi Liu）指出，例（19a）在汉语中一般不能被接受，除非张三在同时吃三碗面，而不是吃完一碗接着再吃另一碗；例（19b）则完全可以被接受，该句的宾语"面"为非量化的名词短语，因此句子描述的事件不涉及明确的终点（Liu 2003）。由此看来，动词的终结性和非终结性在不同的语言中具有不同的参数值，那么，这种不同的参数设置会对第二语言学习有哪些影响呢？

2.2.3　终结性参数的习得研究

有研究（如 Slabakova 2000）发现，在中介语发展的早期阶段，学习者会借助已经习得的母语知识对所学的终结性/非终结性参数进行重设。在斯拉巴科娃（Slabakova 2000）的实验中，两组被试分别是母语为西班牙语和保加利亚语的英语初学者。西班牙语和英语在动词终结性方面的参数设置相同，而保加利亚语与英语的参数设置则不同。斯拉巴科娃在研究中使用了可接受性判断的方式要求被试对句子进行判断，例如：

（20）a. Antonia worked in a bakery and made a cake.

b. Sharon worked in a bakery and made cakes.

（Slabakova 2000：754）

这两个例句均由前后两部分构成，前半句作为一种语境出现，动词 worked 表达一种静态事件，但在例（20a）中，后半句 made a cake 表达的是终结性事件，前后两部分存在着语义上的冲突，连贯性较差。但在例（20b）中，后半句 made cakes 表示一种非终结性的动作，与前面的语境有着较强的语义连贯性，听起来更加自然。斯拉巴科娃（Slabakova 2000）的研究结果显示，母语为保加利亚语的英语初学者在对这两种句子类型进行可接受性判断时，没有表现出显著差异。保加利亚语并不借助宾语的单复数形式而是通过动词词缀的变化来表达终结性含义，因此，终结性情状的这种语言类型差异对尚处于初始阶段的学习者造成了困难。与此不同的是，母语为西班牙语的英语学习者在可接受性判断中则能有效区分上面的两种句子类型，与英语本族语者的表现差异不大。

斯拉巴科娃（Slabakova 2000）的研究说明，在中介语的初始状态，学习者会利用母语的参数值处理所接触的第二语言输入。这项实验针对的是初始阶段的二语学习者，未能回答在二语学习的中高级阶段，学习者更多的是利用母语知识还是普遍语法知识进行参数设置。

母语知识在二语终结性参数习得中的作用在其他一些学者的研究中得到了印证。其中一项研究的被试为 39 名母语为汉语的英语学习者，平均英语学习时间为 11 年，对照组为 19 名英语本族语者。就英语和汉语来说，两种语言中带有定指 NP 宾语的成就动词短语在表示终结性参数方面存在差异（Yin & Kaiser 2011）。这项研究借鉴了斯拉巴科娃（Slabakova 2000）的设计方法，结果表明，汉语讲话者在习得英语动词短语的终结性时受到了母语的强烈影响。另外，徐风华开展了一项关于中国英语学习者对过去式终结性动词和过去进行时终结性动词理解的研究。研究者使用的工具包括一个句子偏好测试和一个句子解释测试。结果表明，高水平学习者在可接受性测试上的表现与母语者相似，而低水平组与英语本族语者之间存在显著差异。这项研究表明，当学习者处于第二语言发展的初级阶段时，母语对终结性参数习得的影响更加明显（Xu 2013）。在另外一项研究（Kaku 2009）中，研究者得出了类似的结论。这项研究的被试包括高、中、低三个水平组的 196 名母语为日语的英语学习者，以及由 20 名英语本族语者和 20 名日语本族语者组成的两个单语者控制组。研究者采用真值判断任务收集语料，结果显示，二语初学者更容易受到母语迁移的影响，中高级阶段的二语学习者则能够成功习得英语中的终结性参数，不受母语迁移的影响。

尹洪山和杨连瑞（2012）研究了母语为汉语的学习者习得英语终结性参数的情况。该研究的被试由英语专业研究生和本科生组成，共 93 人，分为一个高水平组和两个中水平组，每组 31 人。实验材料参考了斯拉巴科娃（Slabakova 2000）的研究设计，共计 32 个英文句子，其中包括 16 个实验句和 16 个干扰句。研究中采用的实验句涉及两种不同的句子类型，如例（21）所示。

（21）a. He loved country music and wrote a beautiful song.

b. He loved country music and wrote beautiful songs.

研究者要求被试按照利克特量表对句子进行可接受性判断。研究表明，在二语习得的中高级阶段，学习者在对涉及终结性情状的句子进行可接受性判断时，所受到的母语迁移影响不大，主要是借助普遍语法对事件所涉及的终结性参数进行重新设置，在此基础上实现中介语体系的重组。这项研究的结果表明，中高级阶段的二语学习者在习得句法-语义的内部界面知识时，母语迁移的作用并不明显，学习者更多依赖大脑中的普遍语法知识对相关的动词情状参数进行重设。

有学者研究了母语为汉语的被试习得越南语动词终结性和非宾格性的情况（Phan & Duffield 2021）。终结性情状在越南语和汉语中有着类似的

特征，而两种语言在非宾格性方面有着较大的差异。该研究的被试为 36
名越南语本族语者和 82 名母语为汉语的中国留学生，年龄为 18—22 岁，
均为越南某大学的本科生。研究者采用了三种任务收集语料：纸笔型理解
测试、在线句子匹配任务和标准化离线可接受性判断任务。结果表明，二
语学习者的中介语语法不受母语参数的制约，学习者在三种任务中的表现
接近本族语者；考虑到课堂教学并没有明确讲授终结性和非宾格性方面的
知识，普遍语法知识对学习者习得这两种参数发挥着重要作用。这项研究
从一个侧面说明，句法-语义的界面知识在二语习得中具有可及性，不会成
为习得的难点。

从上述的文献梳理可以看出，已有的研究对动词情状参数的习得研究
结论并不完全一致。下面我们将结合事件结构中的动词情状对此进行进一
步的研究，并从语言界面的角度对研究的结果进行讨论。

2.2.4 研究设计

本研究旨在回答以下两个问题：中国英语学习者能否识别事件结构中
的终结性与非终结性的语义差异？第二语言水平是否影响学习者对这些结
构的习得？

本研究有三组被试，包括 60 名中国英语学习者和 20 名英语本族语者。
这 60 名中国英语学习者是来自山东省某高校的大学生，根据其英语成绩分
为两个水平组，英语本族语者来自美国的一所大学。本研究使用的工具是一
份含 20 个句子的问卷，每个句子由两个部分组成，并由连词 and 连接，要
求被试从两个可能的答案中选择 A 或 B，从而使句子读起来更加自然（参见
附录 2）。例如：

（22）Mr. Brown was a salesman and _____.

　　　A. sold used cars　　　　B. sold a used car

在这个句子中，前半部分描述的是一种状态，后半部分表达非终结性含
义会使句子整体上更加自然，因此选项 A 为更佳答案。在下面的例子中，句

子的第一部分描述了一个动作，第二部分要求终结性含义表示事件的终点。

（23）He jumped into the river and _____.

      A. saved a boy   B. saved boys

在这种情况下，非终结性不再适用于句子的第二部分，否则句子的前后会存在语义上的冲突。

本研究对问卷中所有的句子进行了随机排列，并采用 SPSS 软件对数据进行分析。

2.2.5　结果与讨论

各组被试对终结性和非终结性的反应情况可从表 2.5 中得知。

表 2.5　各组被试问卷统计量

组别	人数/人	平均值	标准差
低水平组	30	18.57	2.06
高水平组	29	19.38	0.73
英语本族语组	20	19.05	1.28

注：高水平组中 1 名被试中途退出实验，最终有效被试人数为 29 人。

从表 2.5 中可以看出，三组被试的均值接近问卷的满分值 20，说明他们均能识别句子的终结性和非终结性差异，高水平组和英语本族语组的表现更为突出。低水平组的表现不如其他两组被试，这表明低水平组对英语事件结构的终结性和非终结性区别相对不太敏感。为了探寻组间差异是否显著，我们采用了单因素方差分析，结果如表 2.6 所示。

表 2.6　三组被试单因素方差分析

分组变量	自由度	均方	F 值	p 值
组间	2	4.92	2.21	0.117
组内	76	2.23	—	—
总计	78	—	—	—

由表 2.6 可知，组间差异无统计学意义（ $F=2.21$ ， $p>0.05$ ）。这说明，二语水平对被试在理解事件结构的终结性/非终结性方面的影响十分有限。

本研究结果表明，尽管汉语和英语在终结性/非终结性标记上存在类型差异，但两组被试在终结性/非终结性标记上的表现与英语本族语者相似。学习者的母语并不影响这一过程，说明终结性的习得不受母语的制约。二语中的终结性参数能够被学习者成功地重置，这意味着习得二语终结性具有一定的普遍性。这种普遍性在于被试获得的对事件和事件结构的普遍认识。事件的有界性和无界性可以帮助学习者在语言结构上获得终结性和非终结性的区别。终结性和非终结性的区别是通过学习者对事件的普遍认识而获得的。

从语言界面的角度来看，动词终结性情状的习得涉及语义和句法两个模块，句法-语义界面的习得处于语言的内部界面时，认知加工均处在语言本身的运算之内，反映了语言内部模块之间形成的关联机制的特征。对二语学习者来说，语言内部界面的信息整合更容易完成，母语的干扰作用不太明显。

本研究的结果与文献中的一些研究（如 Phan & Duffield 2021）结果较为一致，排除了学习者的母语在二语终结性参数习得中的作用。此外，第二语言水平在这一过程中仅发挥了有限的作用。这一发现进一步证实了终结性参数的习得更多地依赖于学习者普遍语法中对事件结构的直觉知识而非母语知识。

2.3 冠 词 体 系

冠词是一种使用频率很高的功能语类，在英语中可表示特指、类指和指量等多种用法，蕴含着复杂的句法、语义和语用特征。由于汉语中缺少相应的冠词系统，中国学生在习得英语冠词时往往感到有较大困难，即使高级阶段的学习者对冠词的用法也难以完全掌握。早期对冠词习得难度的研究往往从母语迁移的视角考察，但近年来深入的研究发现，冠词习得的困难在很大程度上也受句法-语义界面因素的影响。下面将首先对冠词的句法-语义特征进行分析，然后就冠词习得中的界面制约展开讨论。

2.3.1　早期的理论假说

根据"最简树假说"，中介语的初始状态中缺少功能范畴（如冠词、时态等），仅存在名词、动词等词汇范畴（Vainikka & Young-Scholten 1996）。通常认为，中介语中的词汇范畴源于学习者的母语系统，但功能范畴并不存在母语迁移现象。从这种意义上说，二语学习者的中介语语法是有缺陷的，因为"最简树假说"认为，在中介语发展的初始阶段，由于功能范畴的缺失，中介语表征是不完善的，而功能范畴一般被看作自然语言语法的必要特征。因此，根据"最简树假说"的预测，在二语习得的初始阶段，学习者无法掌握目的语的冠词系统，即使学习者的母语中存在冠词系统，母语中的冠词知识也无法迁移到中介语的初始状态中。随着中介语的发展，冠词等功能范畴才会逐渐被学习者习得。凯瑟琳·戈尔曼（Kathryn Gorman）的研究对"最简树假说"的预测能力提出了质疑。这项研究发现，被试的母语知识在其习得英语的冠词系统中发生了迁移（Gorman 2014）。

不过，需要指出的是，"最简树假说"的预测针对的是中介语的初始状态。该假说存在的一个问题是如何界定这一"初始状态"，许多实证研究的结论与该假说的预测不一致，其中一个原因在于在界定学习者学习阶段时采用的标准不够一致。

"表征缺失假说"有助于从不同的侧面理解冠词的习得问题。根据这一假说，学习者无法直接利用二语中的普遍语法参数，普遍语法在二语习得中具有不可及性，学习者只能借助母语中的知识实现普遍语法的部分可及。当二语表征与母语表征一致时，学习者能够较容易习得这一表征；当二语中相应的语言表征在母语中缺失时，该表征的习得就会非常困难（Hawkins 2000，2005）。根据"表征缺失假说"的预测，母语为法语的学习者在习得英语的冠词系统时不会存在困难，这是因为，法语中有着与英语相似的冠词系统，学习者可以借助母语中的普遍语法知识习得英语中的冠词系统。与此不同的是，汉语本身缺少冠词系统，学习者无法从母语中借助普遍语法的作用。如果母语中没有冠词系统，学习者在语言产出中使用的冠词很难达到目的语的水平。

尼尔·斯内普（Neal Snape）的研究与"表征缺失假说"的预测并不一致。在这项研究中，被试为 38 名母语为汉语的成人英语学习者，研究者采用图片描述任务收集被试的口语语料。研究发现，被试定冠词的正确使用率为 98%，不定冠词的正确使用率为 89%，省略冠词的情况并不多见，说明被试的中介语中并未出现冠词表征缺失的现象（Snape 2009）。例（24）为采集的被试部分语料：

　　　　（24）a. put it in <u>an</u> envelope

　　　　　　　b. look at <u>the</u> recipe

　　　　　　　c. she went to <u>a</u> museum

　　　　　　　d. she's driving <u>a</u> car

　　　　　　　e. <u>the</u> doctor is coming

　　　　　　　f. <u>a</u> man was singing

（Snape 2009：44）

另外，斯内普（Snape 2009）的研究中很少发现定冠词被指示代词 this 替代的现象，不定冠词被数词 one 替代的现象也很少出现。作者认为，随着目的语水平的提高，学习者将最终习得英语的冠词系统，"表征缺失假说"并不具有充分的解释力。

冠词的习得涉及较为复杂的语言因素，"表征缺失假说"虽然能够在一定程度上解释冠词习得的部分现象，但该假说基于母语知识阐释普遍语法在二语习得中的可及性，而普遍语法本身在二语习得中的作用极具争议性，许多实证研究获得的发现并不一致，基于普遍语法的理论对冠词习得的解释难免出现不同的结论。另外，"表征缺失假说"将母语与本族语之间的差异作为另一个考虑的因素，但实证研究的发现说明，母语的表征缺陷并不会在中介语中发生迁移，冠词习得的研究应该从超越普遍语法或母语迁移的视角出发，从不同的语言界面探究冠词习得的规律。

2.3.2 冠词习得的语义制约

研究者从"波动假说"（Fluctuation Hypothesis）的视角基于语义参数的选择对冠词的习得赋予了新的解释（Ionin et al. 2004）。从语义特征来说，冠词有限定性和特指性两个参数：限定性体现的是讲话人和听话人共享的内容，即双方都知道某名词短语所指称的事物；特指性体现的则是讲话人自己熟悉的知识，讲话人可能想要提及某一特定的事物，因为该事物具有讲话人有意提及的特征（常辉 2009）。以英语为例，定冠词 the 和不定冠词 a/an 之间的区别特征在于限定性，但定冠词和不定冠词却均具有特指性和非特指性的用法。请看下面的例句：

（25）Joan wants to present the prize to the winner.

　　（a）... but he doesn't want to receive it from her. [+特指]

　　（b）... so she'll have to wait around till the race finishes.
　　　　[−非特指]

（26）Peter intends to marry a merchant banker.

　　（a）... even though he doesn't get on at all with her. [+特指]

　　（b）... though he hasn't met one yet. [−非特指]

（Mayo 2009：22）

定冠词 the 在语义上表示限定性，但例（25）中 the winner 在两种不同的语境分别表示特指和非特指的用法；不定冠词 a/an 虽然在语义上表示非限定性，但在例（26）中 a merchant banker 分别表示特指和非特指的用法。由此可见，英语中的冠词是通过限定性和非限定性作为区别性语义特征的，而不是以特指和非特指作为区别性特征。

与英语中的情况不同，萨摩亚语中的冠词以是否具有特指性作为区别特征。研究者由此指出，有些语言仅有两个冠词，在这类语言中，冠词是借助特指性和限定性加以区分的（Ionin et al. 2004）。与萨摩亚语选择特指性参数不同，英语是选择限定性参数区分冠词的。需要指出的是，这两种参数特征并不相互排斥。如果某种语言具有了限定性参数，该语言也可以具有特指性参数或非特指性参数；若某种语言具有了非限定性参数，该语言也可以具有特指性或非特指性参数。

基于冠词的参数选择取向，"波动假说"认为，第二语言中的冠词是可以完全习得的（Ionin et al. 2004）。这是因为，普遍语法在二语习得中是完全可及的，如果母语系统中缺少冠词参数，学习者在开始习得第二语言的冠词时会在两种参数值之间不断波动。充足的二语输入有助于学习者设定正确的参数值，并最终完全习得二语中的冠词系统。

玛丽亚·马约（María Mayo）基于"波动假说"对母语为西班牙语的学习者习得英语冠词的情况进行了研究。西班牙语的冠词与英语类似，同样以限定性和非限定性为区别性语义特征。被试为 60 名母语为西班牙语的成人英语学习者，并分为两个水平组，对照组为 15 名英语本族语者（Mayo 2009）。研究者采用强制性选择诱导任务（forced-choice elicitation task）采集语料，结果发现，绝大多数的被试使用定冠词 the 表示限定性，使用不定冠词 a/an 表示非限定性，被试在限定性参数和特指性参数之间的波动并不具有显著性。研究结果支持"波动假说"的预测，当两种语言中的冠词系统具有相似的参数值时，学习者母语中的冠词知识会发生语义迁移，在习得二语冠词时就不容易发生波动现象。在另一项研究中，被试为 43 名母语为波斯语的成人英语学习者，根据其目的语水平分为初级、中级和高级三个实验组，对照组为 15 名来自美国的英语本族语者。研究采用语法判断和翻译任务采集语料，结果显示，被试的冠词使用情况支持"波动假说"的预测（Momenzade et al. 2014）。

冼柳艳（2012）以母语为汉语的英语学习者为对象对"波动假说"进行了验证。根据"波动假说"的预测，由于汉语缺少冠词系统，母语为汉语的学习者在习得英语的冠词时，会在限定性和特指性两种参数之间出现波动，直至足量的二语输入才会使其成功设置正确的冠词参数。冼柳艳（2012）的研究采取强制性提取任务获取语料，结果显示：一方面，被试的冠词选择受到了限定性和特指性这两个语义因素的显著影响；另一方面，被试的冠词选择在限定性和特指性这两个参数之间出现了波动，研究结果支持"波动假说"的预测。

2.3.3 研究设计

本研究要回答的问题是：学习者习得英语冠词时是否会遇到来自语言界面的困难？学习者在英语冠词使用方面的错误与"界面假说"的预测是否相符？

本研究的被试为4名大学英语专业二年级学生，学习英语有10年以上的时间，属于中高级阶段的英语学习者。研究工具来自邵士洋和吴庄（2017）的一篇中文故事，研究者要求被试将其翻译成英文，翻译过程中允许被试查阅词典，但不允许省略原文的信息。这篇中文故事的内容如下：

> （27）有个男孩（不定实指）特别喜欢植物。昨天，他看到天气非常好，就打算种棵小树（不定非实指）。小男孩（定指）想：如果种棵桃树（不定非实指），秋天就可以吃到桃子，如果种棵樱花树（不定非实指），那么春天可以看到美丽的樱花。小男孩（定指）刚走到树林中间就看到了棵小桃树（不定实指），便把它带回家种下了。这时，小男孩（定指）想，我要浇水，要去借个桶子（不定非实指）。于是他找了个朋友（不定实指），那里借来了个桶子（不定实指），给小桃树（定指）浇上了水，然后回家了。
>
> （邵士洋和吴庄 2017：556）

在这篇故事中，研究者设定了12个目标成分。例如，在这些目标成分中，有4个为定指，用以指称上文语境中曾经提到过的个体；4个目标成分为不定实指，作为新引入话语，这4个目标成分虽有具体所指，但用来表示听话人所未知的个体。此外，还有4个目标成分为不定非实指，这些不定非实指没有具体的指称对象。

2.3.4 结果与讨论

本研究的4名被试根据中文故事原文翻译的英文段落如下所示。

（28）There is a boy likes plants very much. Yesterday he say that the weather was so fine that he decided to plant a small tree. The boy wondered, if I plant a peach tree, I can eat peaches in autumn, If I pant a sakura tree, I can enjoy the beauty of sakura in spring. The boy saw a small peach tree when he walked into the middle of the woods, then he took it home and planted it. At the same time, an idea coming into his mind, he needed water. So it was necessary to borrow a bucket. Therefore, he found a friend, where he borrowed a bucket, gave water to the small peach tree, and then went home.

笔者修订版：There is a boy (who) likes plants very much. Yesterday he (said) that the weather was so fine that he decided to plant a small tree. The boy wondered, ("If) I plant a peach tree, I can eat peaches in autumn (; if) I pant a sakura tree, I can enjoy the beauty of sakura in spring. (") The boy saw a small peach tree when he walked into the middle of the woods, (and) then he took it home and planted it. At the same time, an idea coming into his mind, he needed water. So it was necessary to borrow a bucket. Therefore, he found a friend, (from who) he borrowed a bucket, gave water to the small peach tree, and then went home.

（29）A boy likes plants very much. Yesterday, he intended to plant a sapling because it was a nice day. An idea came to his mind: If I plant a peach tree, then I will eat peach in Autumn. If I plant a sakura, then I can enjoy beautiful cherry blossom. He was walking at the middle of the forest when he saw a small peach tree and then he brought it home and planted it. At this moment, he thought: I need to water, so I should borrow a bucket. Thus, he found a friend, borrowed a bucket from him, watered the small peach tree and then went home.

笔者修订版：A boy likes plants very much. Yesterday, he intended to plant a sapling because it was a nice day. An idea came to his mind: (") If I plant a peach tree, then I will eat (peaches) in (autumn;) (if) I plant a sakura, then I can enjoy beautiful cherry blossom (in spring). (") He was walking at the middle of the forest when he saw a small peach tree and then he brought it home and planted it. At this moment, he thought: (") I need to water (it), so I should borrow a bucket. (") Thus, he found a friend, borrowed a bucket from him, watered the small peach tree and then went home.

(30) There is a boy who is very fond of plants. Yesterday he noticed that the weather was fine, so he planned to plant a tree. The little boy thought, "I if plant a peach tree, I can have peaches in autumn; If I plant a sakura tree, I can see beautiful blossom in spring." Hardly had the boy walked into the woods when he saw a peach tree. Therefore, he took it home and planted it. At the same time, it occurred to him that he needed to borrow a bucket so that he can water the little peach tree. So he came to a friend and borrowed one, then he watered the tree and finally came back home.

笔者修订版：There is a boy who is very fond of plants. Yesterday he noticed that the weather was fine, so he planned to plant a tree. The little boy thought, "(If I) plant a peach tree, I can have peaches in autumn; (if) I plant a sakura tree, I can see beautiful blossom in spring." Hardly had the boy walked into the woods when he saw a peach tree. Therefore, he took it home and planted it. At the same time, it occurred to him that he needed to borrow a bucket so that he (could) water the little peach tree. So he came to a friend and borrowed one, (and) then he watered the tree and finally came back home.

(31) There is a boy who likes plants very much. Yesterday he saw the weather was so good that he planned to plant a small tree. The little boy thought: If I plant a peach tree, I can eat peaches in autumn, and if plant a sakura tree, I can see the beautiful cherry blossom in spring. As soon as the little boy walked into the woods, he saw a little peach tree, so he took it home and planted it. At this time he thought, I need to water it so I should find a bucket. So he found a friend and borrowed a bucket. After watering the little peach tree, he went home.

笔者修订版: There is a boy who likes plants very much. Yesterday he saw the weather was so good that he planned to plant a small tree. The little boy thought: (") If I plant a peach tree, I can eat peaches in autumn, and if (I) plant a sakura tree, I can see the beautiful cherry blossom in spring. (") As soon as the little boy walked into the woods, he saw a little peach tree, so he took it home and planted it. At this time he thought, (") I need to water it so I should find a bucket. (") So he found a friend and borrowed a bucket. After watering the little peach tree, he went home.

通过对上述 4 篇翻译语料进行分析发现，被试没有出现冠词缺失和误用的情况。在表达不定实指时，被试均能正确使用不定冠词 a，也没有出现使用数词 one 替代不定冠词的情况。例如，学习者在表达"有个男孩特别喜欢植物"时，分别使用了下面的句子:

（32）a. There is a boy (who) likes plants very much.

　　　b. A boy likes plants very much.

　　　c. There is a boy who is very fond of plants.

　　　d. There is a boy who likes plants very much.

另外，对于短文中的定指"小男孩"来说，被试也能正确使用定冠词 the，在表达"小男孩刚走到树林中间就看到了棵小桃树"时，使用了如下结构:

（33）a. The boy saw a small peach tree when he walked into the middle of the woods…

　　　b. He was walking at the middle of the forest when he saw a small peach tree…

　　　c. Hardly had the boy walked into the woods when he saw a

peach tree.

    d. As soon as the little boy walked into the woods, he saw a
little peach tree...

只有一名被试使用了代词 he 来替代句中的限定词短语（determiner phrase），其他被试均正确使用了限定词短语。汉语中没有冠词系统，英语中的冠词与名词构成的限定词短语涉及句法-语义界面的知识。根据"界面假说"，句法-语义界面属于语言的内部界面，这种界面知识可以被学习者最终习得。本研究的结果说明，对中高级阶段的学习者来说，英语中的限定词短语并不会对其造成较大的习得困难，这在一定程度上验证了"界面假说"的预测，也与国内其他一些研究者的研究结果基本一致。例如，邵士洋和吴庄（2017）研究发现，初级阶段的学习者在习得英语的冠词系统时存在较多的省略或误用现象；高级阶段的学习者基本上能够正确使用冠词，较少出现冠词缺失或误用现象。

冠词作为英语中的功能词，具有其特有的语义功能，对二语句法的信息结构具有重要的影响。由于汉语中没有相应的冠词系统，中国学生在习得英语冠词时，需要对其参数值进行重新设置。根据"界面假说"的预测，对于句法-语义界面来说，冠词的习得并不会对高级阶段的二语学习者造成困难，本研究的结果表明，"界面假说"的这一预测有实证的证据支持。这说明，语言的内部界面具有一定的习得优势，"界面假说"对冠词习得具有一定的解释力。不过，由于本研究采取的是个案分析的方法，所得结论还有待进一步验证。今后的研究可以采取不同的方式选取语料，通过交叉验证进一步论证"界面假说"的理论观点，为二语句法习得研究提供语言界面视角的启示。

2.4 本 章 小 结

本章讨论了二语句法操作中的语义因素影响，涉及动词的非宾格性、终结性情状及冠词特征。从存现句的非宾格结构习得来看，在涉及非作格动词的外置型存现句可接受性判断中，高水平组能够识别句法结构对动词语义的映射作用；对低水平组的被试而言，其识别句法-语义界面的互动关系则有较大困难。在涉及终结性情状的句法结构习得中，学习者的目的语水平的影响并不显著，学习者在可接受性判断任务中并没有受到母语知识的影响，终结性参数能够被二语学习者成功重置。从冠词的习得情况来看，冠词的句法-语义特征并未对中高级阶段的二语学习者造成较大困难,学习者能够在翻译任务中较好地掌握英语冠词的用法，这在一定程度上证实了"界面假说"的预测。

第3章

二语句法操作的音系界面

传统的语言学研究中,音系和句法并没有太多的交集,句法层面的研究往往并不涉及音系方面的因素。随着对音系和句法研究的不断深入,人们发现两者存在一定的内在联系和制约,只有打破音系和句法的研究界限,才能揭示一些特殊的语言现象,人们对句法和音系本身的了解也会更加深刻。韵律作为超音段的语音现象,是音系-句法交互的一座桥梁,韵律结构的研究有助于发现句法结构中所蕴含的音系规律(赵永刚 2016)。鉴于韵律规则与句法操作之间的互动和制约关系,对第二语言习得来说,学习者的句法操作空间也会受到韵律因素的影响和限制,从而在句法的理解和表达方面出现一些变异现象。

3.1 韵律与句法解歧

在句子理解过程中,如果句子结构本身存在歧义,则难免会产生不同的句法分析结果。因此,句法分析是一个不断试错的过程,同时也是借助其他信息进行歧义消解的过程。在母语理解中,语言使用者能够熟练地根据韵律边界进行句法分析和操作,并对句中的附着歧义成功地进行消解。在第二语言习得中,句法歧义的消解可以在多大程度上借助韵律的作用,从而提高句法分析和操作的准确性,是一个需要深入研究的话题。

3.1.1　韵律与句法的互动

韵律与句法的互动关系可以表现在两个方面：其一是句法操作对韵律规则的影响作用，其二则是韵律规则对句法操作的制约作用。这种互动关系可以借助跨语言的证据加以说明。首先以汉语的上声连读变调为例说明句法对韵律的制约作用。在汉语中，"老李买好酒"由连续的 5个上声组成，按照汉语的韵律规则，两个上声相连，前一个上声则变为阳平。从句法结构分析，"老李买好酒"中的 NP"老李"与 VP"买好酒"之间的边界深度要强于这里的 NP 和 VP，因此正常语速下的变调更容易发生在 NP 内部"老"和 VP 内部"好"的位置（Chen 2000；朱立刚 2017）。相对而言，动词"买"处于 NP 与 VP 的边界，正常语速下不容易发生变调。由此可见，句法的内在结构会对韵律的规则产生一定作用和影响。

韵律对句法同样有着影响和制约作用。请观察下面的两组句子：

（1）他打牢了基础。

　　　他哭哑了嗓子。

（2）*他打牢固了基础。

　　　*他哭嘶哑了嗓子。

（周韧　2010：19）

例（1）中的两个句子为述补结构带宾语的情况，此处的动词"打"和"哭"后面所接的形容词"牢"和"哑"均为单音节词，而当我们将这两个单音节词换成双音节的形容词"牢固"和"嘶哑"时，例（2）中述补结构带宾语的句子就无法被接受。由此可见，韵律与句法存在着相互的制约关系，这种互动和制约关系同样可以在英语中得到验证。例如，英汉两种语言都遵循"核心重音规则"和"尾重规则"。根据"核心重音规则"，若 [X Y]C 中 C 为短语，则 Y 较重，韵律上的轻与重必然表现为句法结构上的两个成分（冯胜利 2002）。以下面的一个英语句子为例：

（3）I tore into little pieces a small notebook with questions that I had prepared in advance for interviews with the patients of the atomic ward.

（廖文衍 1988：18）

在例（3）中，相较于 little pieces 这一名词短语，谓语动词 tore 的宾语（a small notebook with questions that I had prepared in advance for interviews with the patients of the atomic ward）是一个较重的名词短语，为了避免出现头重脚轻的句法结构，较重的名词短语被置于了句末的位置，通过遵循句法上的"尾重规则"，实现了句子结构的平衡。

从以上的分析可以看出，有些句法现象并非只受句法规则的制约，语言的韵律因素也会对句法的内部结构起约束作用。了解韵律与句法的互动关系有助于从语言界面的视角更加全面地审视句法现象，从而对句子所蕴含的意义进行正确的解读。

3.1.2 韵律在句法歧义消解中的作用

句法结构的层次性决定了意义的复杂性和模糊性，从而产生句法的歧义现象。在具有歧义的句子中，句子的构成成分可以根据不同的句法关系进行组合，往往会对听话者的理解造成一定的困难。在句法解歧的过程中，当句法线索不能提供足够的解歧信息时，可以借助韵律的作用对句子进行重新分析，进而正确理解话语的含义。例如，"杨玉芳（1995）的研究发现，在不同的歧义消解情景下，歧义音节的发音时长及其辅音时长有所不同，即词边界前歧义音节的总时长和边界后歧义音节的辅音时长分别比词边界后歧义音节的总时长和边界前歧义音节的辅音时长要长一些"（王丹等2003：667）。

研究者在一系列实验中，通过测量英语歧义结构中的句末理解时间和跨模态命名时间发现：在韵律边界与句法边界保持一致时，句法加工就会表现出促进效应；而当韵律边界与句法边界出现不一致时，句法加工就会出现干扰效应（Speer et al. 1996）。

在于泽和韩玉昌（2011）的研究中，研究者采用眼动记录技术考察了书面韵律边界在句法歧义消解中的作用。该研究的关注点在于，作为书面韵律边界的逗号在层次分隔歧义句理解中所发挥的作用，以及逗号与语境信息之间的交互作用。实验中通过操纵逗号的位置可以引起歧义句的句义变化；同时，通过操纵语境内容使语境偏向与逗号解歧方向的一致性保持相应变化。研究结果表明，作为书面韵律信息的逗号对句子加工具有促进作用。若书面韵律边界有助于句子歧义的消解，被试则会更加依赖于韵律边界。研究同时发现，书面韵律边界与语境信息的交互作用出现在句子加工的晚期阶段。

在第二语言习得中，韵律对句法解歧的作用也受到了研究者的关注。例如，徐一平等（2012）以中国学生习得日语结构歧义句为例研究了歧义消解的方式。研究者通过三个语音实验发现，二语学习者在区别歧义句的不同意义时主要是通过调节句中各成分的比重实现的。中国日语学习者的中介语具有独特的韵律特征，这种特征体现了中国学生对目的语日语的习得特点，也反映了其母语汉语韵律对目的语韵律特征的负向迁移。研究者认为，这种独特的韵律特征在中国日语学习者的中介语中具有普遍性。

在周凤玲和王建勤（2019）的研究中，实验组的被试为 20 名在中国留学的韩国学生，对照组为 20 名母语为汉语的中国学生。该研究旨在考察特定语境下二语学习者汉语口语韵律加工对歧义句的解歧作用，采用复述任务探究歧义句的消解问题。结果发现，来自韩国的留学生在歧义句特定语境下能较好地使用韵律加工手段达到消解歧义的目的，说明被试在汉语口语韵律加工方面具有较强的能力。

陈晓霄（2021）考察了母语为汉语的英语学习者如何利用韵律边界消解句法歧义。该研究涉及的歧义结构为英语"名词短语 1 of 名词短语 2 + 关系从句"，如"The sister of the writer that had blonde hair arrived this morning."。研究发现，名词短语 2（the writer）的音长与其后面的韵律边界停顿时间均比名词短语 1（the sister）要长；与无偏好语境和高附着语境相比，整体歧义句在低附着语境下位于名词短语 1 后边界的停顿更长。对中国英语学习者来说，他们倾向于在"名词短语1（the sister）of名词短语2（the writer）"和关系从句（that had blonde hair）之间产生显著韵律边界。研究同时发现，被试在言语产出过程中仅使用边界的停顿线索对这类歧义句进行解读。

3.1.3　研究设计

本研究的问题是：中国学生习得英语关系从句时有着怎样的挂靠偏向？关系从句的韵律特征是否影响学习者的歧义消解？

本研究采用个案分析的方法，被试为3名大学英语专业四年级的学生，学习英语已经超过10年，可以被视为中高级阶段的英语学习者。研究的语料为10个含有关系从句的歧义句，其结构如下所示。

（4）a. The journalist interviewed the daughter of the lawyer who had the accident.

b. The doctor treated the patient of the nurse that was at the clinic yesterday.

c. The cop greeted the son of the cook that helped solve the murder case.

d. The housekeeper quarreled with the sister of the writer that had blonde hair.

e. The visitor toured the garden of the palace that was used in many movies.

f. The reporter questioned the coach of the gymnast that always got nervous.

g. The professor read the review of the poem that was published in the magazine.

h. The lawyer contacted the clerk of the judge that took notes at the last trial.

i. The singer called the sister of the groom that liked going to parties.

j. The chef hired the friend of the waiter that knows a lot about soccer history.

上述句子均为"名词 1 of 名词 2 + 关系从句"类型，例如：

（5）The journalist interviewed [the daughter] of [the lawyer] [who had the accident].

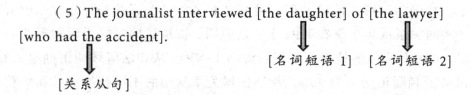

研究者通过书面和语音两种形式将上述实验句呈现给被试，其中被试 T 仅接受书面形式的输入，另外两名被试 L 和 Z 同时接受书面和语音形式的输入。被试根据输入的信息判断关系从句的挂靠关系，研究者以此探究句法解歧过程在多大程度上会受到韵律因素的影响。

3.1.4　结果与讨论

本研究的第一个被试 T 接受的是书面输入，结果发现，该被试将 70% 的关系从句挂靠在 NP1 上，将 30% 的关系从句挂靠在 NP2 上。这一研究发现与文献中已有的研究结果一致。根据赵晨（2013）的研究，母语为汉语的英语学习者倾向于将关系从句挂靠在 NP1 上。因此，从书面输入的角度看，关系从句的这一挂靠倾向会对学习者的歧义消解产生影响，即将 NP1 看作关系从句的先行词。不过，根据先前的研究（如 Carreiras & Clifton 1999），英语本族语者倾向于将关系从句挂靠在 NP2 上。由此可以看出，关系从句的挂靠倾向与被试的母语背景有着密切的关系。

本研究的第二个被试 L 同时接受书面输入和语音输入，实验句中 50% 的关系从句以 NP1 为句重音，另外 50% 的关系从句以 NP2 为句重音。结果显示，接受两种形式的输入后，被试将 70% 的关系从句挂靠在了 NP1 上，将 30%的关系从句挂靠在 NP2 上。这说明，该被试同时接受两种形式的输入时，对关系从句的挂靠关系依然倾向于 NP1。从句法解歧的正确率来看，被试 L 的判断正确率为 60%，能够根据关系从句的不同挂靠关系和句重音消解大部分关系从句的歧义。

本研究的第三个被试 Z 同时接受书面输入和语音输入，实验句中 50%的关系从句以 NP1 为句重音，另外 50%的关系从句以 NP2 为句重音。结果显示，接受两种形式的输入后，被试 Z 将 60%的关系从句挂靠在 NP1 上，将 40%的关系从句挂靠在 NP2 上。这说明，该被试同时接受两种形式的输入时，对关系从句的挂靠关系依然倾向于 NP1。从句法解歧的正确率来看，被试 Z 的判断正确率为 70%，能够根据关系从句的不同挂靠关系和句重音消解大部分关系从句的歧义。

从本研究的结果来看，在接受书面输入的情况下，被试 T 倾向于将关系从句挂靠于 NP1。在随后的访谈中，该被试汇报说，在歧义消解时主要是根据自己的语法直觉。被试 L 和 Z 在同时接受书面输入和语音输入的情况下，同样倾向于将关系从句挂靠于 NP1。这两名被试在访谈中汇报说，歧义的消解主要依赖于名词短语的句重音。由此可见，关系从句的韵律特征会对二语学习者的歧义消解产生影响。

从以往的研究来看，英语本族语者倾向于将关系从句挂靠于 NP2。根据"最近挂靠原则"，句法加工器总是倾向于把新信息挂靠在最近加工的短语上（Gibson et al. 1996）。不过，母语为汉语的英语学习者则与英语本族语者有着不同的关系从句挂靠偏向。本研究的结果说明，母语为汉语的英语学习者倾向于将关系从句挂靠于 NP1，学习者能够借助韵律的作用对关系从句的歧义进行消解。

3.2　韵律与句法移位

句法移位受多种因素的制约，以往的研究主要从语义和语用的角度进行考察，很少考虑韵律在其中所起的作用。实际上，句法移位与韵律规则有着密切的关系，如前所述，英语"核心重音规则"对句法成分移位具有制约作用，"尾重规则"恰恰体现了韵律在句法移位中的作用和影响。本节将在讨论韵律与句法移位关系的基础上，研究二语学习者基于这一语言界面的句法操作及其变异特点。

3.2.1　句法移位的制约条件

在英语中，句法结构的变异反映了成分移位的限制条件。试比较下面的两组句子：

（6）a. Sue picked up the dog.

　　　b. Sue picked the dog up.

（7）a. Sue picked up a couple of boxes containing old computer manuals.

　　　b. *Sue picked a couple of boxes containing old computer manuals up.

（周迎芳和王勇　2008：138）

在例（6）中，名词短语 the dog 可以出现在句末，也可以出现在小品词 up 的前面，此时 up 与 the dog 均属于较"轻"的成分，两者的比重相当，因此此处的移位是允许的。但在例（7）中，名词短语 a couple of boxes containing old computer manuals 的比重明显大于小品词 up，该名词短语处于句末的位置符合英语的"尾重规则"；如将 up 移位到句末则违反了这一原则，在英语中不能被接受。根据"尾重规则"将较重的名词短语移至句末的情况在英语中比较普遍，再如：

（8）I admired greatly the courage of the man who dared to carry out that plan.

（9）He has proved wrong the predictions of the country's leading economic experts.

（高恩光　1998：87）

在例（8）中，名词短语 the courage of the man who dared to carry out that plan 的比重明显大于 greatly，因此将该名词短语置于句末位置才能符合"尾重规则"。例（9）的情况与此相同，均要求将比重较大的名词短语移至句末。

"尾重规则"的限制条件可以从不同的方面加以解释。从说话者的角度看，将较重的成分置于句子的末端可以使说话者有较大的选择自由，同时还可以减少记忆的负担。从信息传递的角度分析，讲话者倾向于将最重要的信息置于句末，从而实现末尾焦点的效果。一般来说，比重较大的名词短语承载的信息量也比较大，将其移位至句末符合语言的交际规律。否则，如果句法的移位违反了"尾重规则"，句子的语序就会显得头重脚轻，信息的传递也不会流畅自然。

3.2.2 句法移位的韵律制约

句法移位遵循"尾重规则"是英语中较为普遍的现象，移至句末的成分不仅承载的信息较为复杂，而且在音长、节奏和重音等韵律结构方面具有复杂性，因此，句法上的尾重与韵律上的尾重具有高度的统一性。根据德拉加·茨克（Draga Zec）和莎伦·英克拉斯（Sharon Inkelas）的观点，句法成分重新排列的目的在于产生一种更好的韵律结构（Zec & Inkelas 1990）。有学者同样认为，韵律是触发重型名词短语移位的关键因素，名词短语只有满足结构复杂且韵律较重的条件时才会发生移位（Zubizarreta 1998）。周韧（2010）的研究则认为，韵律对句法的制约作用源于韵律单位和句法单位的不对称性。"在一般情况下，两者应该有着整齐的对应关系，比如说，句法上的短语要对应于音系上的韵律短语，而句法上的词要对应于音系上的音步（或韵律词）。"（周韧 2010：22-23）。当两者出现不对称的情况时，语序的变异就成为一种选择，韵律较重的词或词组就会移位到句末。

凯文·瑞安（Kevin Ryan）从词组结构的视角研究了韵律尾重现象，认为词组内部出现韵律尾重的动因在于词组重音，韵律较重的结构容易被吸引到句中更为明显的位置（Ryan 2019）。也就是说，即使在词组内部，韵律较重的结构往往也会被置于末尾。例如：

（10）a. kit and caboodle

　　　b. trials and tribulations

　　　c. friends, Romans, countrymen

　　　d. lock, stock, and barrel

　　　e. Joan and Margery

　　　f. trick or treat

　　　g. slip and slide

　　　h. tit for tat

（Ryan 2019：318）

在例（10a）中，位于词组末尾的 caboodle 在音节的数量上要多于 kit，因而在韵律上具有较大的比重。例（10b）—例（10e）的情况与之相似，词组末尾的成分音节数量较多。例（10f）中的 treat 则在元音的音长方面占有优势，例（10g）和例（10h）中的 slide 和 tat 情况相似。韵律尾重作为一种语言现象，在英语的词组结构中具有相对稳定的表现形式。瑞安（Ryan 2019）提出了影响韵律尾重的七个因素：元音长度、元音低度、起音复杂度、起音障碍度、尾音复杂度、尾音声调和音节数。

从上面的分析可以看出，句法成分的移位受到韵律条件的限制，从跨语言的角度来说，语言之间的类型关系会对第二语言学习者习得目的语的韵律制约产生一定的影响。

3.2.3　研究设计

本研究主要探究韵律在二语口语产出中对句法移位会产生怎样的制约作用。研究的语料选自 2018 年高校"外研社·国才杯"全国英语演讲比赛的三篇演讲，演讲者为高级水平的二语学习者。研究者从演讲内容中选取由并列连词 and、or 或 but 组成的短语，进而考察中国学生在使用这类并列结构时是否会受到韵律尾重的制约。研究者从演讲中共提取了 20 条由并列连词组成的短语，如下所示。

（11） a. ladies and gentlemen

b. the Gulf War Oil Spill, or the lack of toxic sludge in Hungary

c. industrialization and urbanization

d. monitor and regulate

e. scientific and technological

f. save it or destroy it

g. you and me

h. guided, cultivated and well adapted

i. comforts and fortune

j. environmental pollution, nuclear wars, and unethical scientific experiments

k. the environment and economy

l. us and the generation to come

m. fear and panic

n. in the commence of cold war and during its long term

o. clean and efficient

p. cute and adorable

q. inappropriate operation and equipment design defect

r. a blessing or a disaster

s. the increasing depletion of resources and the instant demand for energy

t. publicizing knowledge and raising people's awareness

研究者根据并列短语内部成分的音节数量以及音长等特点进行划分，进而研究韵律对中介语语序的影响。研究采用定性分析的方法，并与英语本族语者的口语产出语料进行对比，以便为提高学习者句法表达的流畅性提供参考和建议。

3.2.4　结果与讨论

通过对演讲者使用的并列短语进行分析，发现大部分情况下演讲者都会根据单词的音节数量和音长等因素，对短语成分的语序进行调整，从而使音节数量较多或音长较明显的单词移位至末尾，在节奏上符合韵律尾重的规则（表 3.1）。

表 3.1　符合韵律"尾重规则"的并列短语

分类标准	短语实例
音节数量	a. ladies and gentlemen
	b. the Gulf War Oil Spill, or the lack of toxic sludge in Hungary
	e. scientific and technological
	f. save it or destroy it
	h. guided, cultivated and well adapted
	j. environmental pollution, nuclear wars, and unethical scientific experiments
	l. us and the generation to come
	m. fear and panic
	o. clean and efficient
	p. cute and adorable
	r. a blessing or a disaster
	t. publicizing knowledge and raising people's awareness
音长	d. monitor and regulate

从表 3.1 中可以看出，在大多数并列短语中，并列连词后面的成分音节数更多，或音长具有优势，节奏感也更强、更富有表现力。这说明，演讲者基本掌握了英语的韵律"尾重规则"，且韵律对句法语序的制约作用比较明显。在这些例子中，有些短语结构在语言中的使用频率比较高，逐渐形成了预制性的语块结构，已经成为相对固定的表达，如 ladies and gentlemen、scientific and technological、clean and efficient 等。二语学习者在语言输入中接触到这些表达的机会较多，因此更容易使用这类结构。掌握更多的语块结构有利于二语学习者提高语言表达的流畅性，增强语言的感染力。

不过，本研究采集的语料中也有违反韵律"尾重规则"的短语结构，如上面的例（11c）industrialization and urbanization。

在这个例子中，urbanization 的音节数要少于前面的 industrialization，虽然该短语结构不符合韵律尾重规则，但作为一个相对固定的语块，industrialization and urbanization 在结构上也有其内在的理据。从历史发展的角度看，"工业化"要早于"城市化"，因此在表达上一般将 industrialization 置于短语的前面，把 urbanization 置于并列连词的后面。因此，随着使用频率的提高，industrialization and urbanization 也已经成为预制语块，成为语言表达中相对固定的形式。由此可见，并列短语如果具有内在的理据和逻辑关系，并不会受到韵律尾重规则的限制。

从以上的分析可以看出，总体而言，高水平英语学习者的口语产出能够体现韵律对句法移位的制约作用。掌握韵律与句法移位之间的关系有助于英语学习者增强口语表达的节奏感，提高语言的表现力。

3.3　本　章　小　结

音系-句法界面的互动具有跨语言的普遍性。通过研究韵律结构可以发现句法结构中所隐含的音系规律，亦能发现韵律特征对句法变异的制约作用。对第二语言习得而言，了解韵律与句法的互动关系有助于揭示句法变异的音系条件，便于从新的视角认识二语句法发展的复杂性。本章的研究表明，音系-句法界面知识不仅可以帮助二语学习者消解句法的结构歧义，还有助于学习者识别句法移位的限制条件，提高句法操作的能力。以往的二语句法教学并没有对韵律给予足够的重视，教学内容大多局限于句法规则本身，如果能够从音系的视角对教学内容进一步优化，将韵律与句法的互动关系纳入二语课堂教学，则能有效提高学习者语言表达的流利性和输出质量。

第4章

二语句法操作的形态界面

句法和形态属于语法学的研究范畴，但传统的语法研究较少涉及两者的互动关系。从语言的界面视角看，语言的形态特征与句法特征有着密切的关系。在跨语言的学习中，形态-句法界面的信息整合对二语学习者来说具有一定的挑战性。本章将结合动词的时态和非限定结构探究二语习得中形态-句法的界面互动，并在此基础上提出相应的教学建议。

4.1 动 词 时 态

动词的时态系统蕴含了形态-句法层面的结构属性和映射，对跨语言的学习者来说，不同语言时态系统的形式与意义匹配是习得中的一个难点。与英语时态的丰富形态相比，汉语的时态缺乏相应的形态变化，因此，对中国英语学习者如何习得目的语中形态-句法界面的复杂信息进行研究有着重要的意义。

4.1.1 动词时态的形态-句法特征

动词的时态系统不仅反映了动词内在的结构特征，同时也反映了句法层面的结构属性，这是因为，动词的屈折变化属于句法范畴，这种句法范畴是由词的形态变化加以实现的（Holmberg & Roberts 2013）。从表面上看，时态是动词本身的屈折变化，而从其表达的意义进行分析，时态蕴含的则是句法层面的属性。例如，英语疑问句和否定句中的时间概念并非由谓语动词本身的屈折来体现，而是由句法层面的其他成分来表达：

(1) a. John <u>does</u> not <u>drink</u> coffee.

b. <u>Did</u> you actually <u>see</u> him?

(Holmberg & Roberts 2013：114)

从例（1）中可以看到，动词 drink 和 see 并未标记时态变化，而是由助动词 does 和 did 来传递时态信息的。因此，英语动词的时态体现了形态-句法的界面特征，而不仅仅局限于动词本身的属性。

另外，从动词时态与一致范畴的关系来看，英语中的这两种词缀不能同时添加于动词之后。例如：

(2) a. He loves/loved.

b. *He loveds.

(Giorgi & Pianesi 1997：68)

在例（2a）中，动词 loves 和 loved 中的后缀 -s 和 -ed 分别表达一致和时态范畴，而在例（2b）中，动词 loveds 将过去式与一致范畴进行了融合，不符合英语的形态-句法规则。这与意大利语等一些其他欧洲语言形成了明显的对比，例如：

(3) a. am-o (Italian)

love-lt pers sing

b. am-av-o

love-past-1t pers sing

(Giorgi & Pianesi 1997：69)

如例（3b）所示，意大利语中表达一致范畴的词素 -o 前面添加了表达过去式的词素 -av，从而体现了形态-句法层面更为复杂的信息整合。除了意大利语外，德语动词在形态-句法方面也存在类似的情况。

4.1.2 动词时态的习得研究

在动词时态方面，研究者从不同的角度探究了形态-句法界面的习得问题。例如，霍金斯和萨拉·利斯卡（Sarah Liszka）研究了母语为汉语、日语和德语的高级水平英语学习者动词过去式的习得情况。其研究假设是，如果二语学习者在涉及特征匹配的词汇填充任务中出现形态-句法界面方面的映射问题，那么三组被试的语料中均会发生这种情况。结果发现，母语为汉语的学习者在口语产出任务中在动词过去式方面出现了选择性现象，母语为日语和德语的被试没有出现这种情况。霍金斯和利斯卡认为，母语为汉语的学习者具备英语动词过去式的形态知识，其在动词时态方面出现的缺陷源于句法与词汇的界面问题（Hawkins & Liszka 2003）。

此外，也有研究者试图回答动词的形态变异是否反映了句法层面的损伤这一问题。例如，有学者对母语为土耳其语的儿童习得英语动词的屈折形态变化进行了研究。研究者采用了纵向研究的方式收集语料，结果显示，虽然被试使用无屈折变化的动词形式比例较高，但在一致词素（agreement morpheme）的使用方面失误较少，几乎从不将其用于不恰当的时态、人称和数。该发现进一步证实，二语的形态和句法习得存在不一致的现象，抽象范畴与表面形态的匹配存在问题（Geçkin & Haznedar 2008）。

在另外一项实验中，研究者调查了以俄语为母语的英语学习者一般现在时动词 be 的习得情况。被试共分为三组：第一组 30 人（8—10 岁），第二组 30 人（11—12 岁），第三组 16 人（14—15 岁）。研究采用定量和定性分析方法，研究工具为一份背景信息问卷和两套诊断性测试。研究发现，对于以俄语为母语的被试来说，他们在动词 be 的使用方面存在一些错误，如动词 be 的省略或误用。尽管这些错误形式会随着语言输入的增加而逐渐消失，但有些错误却出现了石化，即使学生在学习了 8 年英语之后，仍能从他们的语言表达中观察到这些错误。词素层面的负迁移与动词 be 规则的不完全理解和应用是造成被试中介语出现石化错误的根本原因（Unlu & Hatipoglu 2012）。

在一篇博士学位论文中，研究者报告了双语儿童习得英语动词过去式中的跨语言影响。该研究共有三组被试，包括两组双语儿童和一组英语本族语儿童，每组被试 20 名，年龄为 3—4 岁。研究者采用图片诱导任务获得产出性语料，该任务共涉及 40 个规则和不规则动词。研究发现，一语为汉语的双语儿童在过去式的使用方面不如英语本族语儿童和一语为西班牙语的儿童熟练；相对于一语为汉语的双语儿童，英语本族语儿童和一语为西班牙语的儿童在使用过去式中更容易出现过度概括错误；与另外两组被试相比，一语为汉语的双语儿童则更容易使用光杆动词。研究结果证实了跨语言影响在双语儿童动词过去式习得中的作用（Lu 2016）。

李芝等（2019）基于二语句法形态映射和特征重组研究了时体习得问题。该研究的被试为三组母语为汉语的不同水平英语学习者，旨在考察被试在理解型任务和产出型任务中对英语时体的掌握情况。结果表明，特征组装复杂程度影响抽象句法表征知识和表层形态之间的映射，从而导致形态-句法接口产生差错，二语特征组装越复杂，学习者的习得难度则越大。研究表明，"在中国学习者的中介语句法形态发展过程中，学习者对二语形式特征参数值的设置是一个逐渐的发展过程，在这个过程中学习者句法形态能力逐渐提高"（李芝等 2019：118-119）。

黄璐（2018）从形态-句法的视角研究了国内中学生习得英语动词一般过去式的情况。被试共 180 名，按年级分为三组（初三、高一、高二各 60 名），测试工具为关于英语动词过去式的语法测试卷。研究表明，不同年级的被试在习得英语动词过去式时不能克服形态-句法界面的难题。这说明，形态-句法界面的信息整合对二语学习者来说具有一定的习得难度。

傅燎雁（2020）研究了国内大学生习得英语功能语类时态的情况，被试为不同水平的三组非英语专业大学生，研究采用的工具为翻译和语法判断两种任务。结果发现，学习者能成功习得有关时态的功能语类知识，形态变异源于形态-句法界面环节的映射问题。学习者特征重组的能力能渐进式地提升，虽然语际差异会影响形态的准确输出，但其影响力远不如重组的复杂性。

王文斌和李雯雯（2021）对国内高级阶段英语学习者时间状语从句与一般过去时的关系习得进行了研究。研究选取 2018 年"外研社·国才杯"全国英语写作大赛复赛参赛作文中的议论文作为语料来源，发现：被试的书面作文中时间状语从句语序分布呈现前置倾向，偏离英语目标语优势语序规律；含时间状语从句的复合句中一般过去式的偏误有不同的类型，如时标记遗漏、复合句内时态混用等。"英语句法要求句子内部保持时间的连贯性，每一个动词都需有相应的形态变化来表达对事件的时间定位，借以形成时间上的勾连和延续。"（王文斌和李雯雯 2021：42）研究者认为，中国学生出现英语时态误用的根本原因在于民族间的思维模式差异。

从以上的研究可以看出，中国英语学习者的中介语中还存在较多的时态问题。造成动词时态习得问题的原因较为复杂，需要从不同的角度进行深入研究。另外，从教学中的观察来看，二语学习者习得动词时态时也容易受到句法结构的影响。例如，在由 and 连接多个动词的句子中，与前面的动词相比，and 后面的动词更容易出现成为光杆动词的情况，也就是说，后面的动词更容易出现过去式的标记错误。另外，在复杂的句子结构中，位于主句的动词更容易标记过去式，位于从句或背景描述中的动词更容易出现成为光杆动词的情况。

4.1.3 研究设计

本研究需要回答的问题是：中国学生在习得英语过去式的时态时，是否会受到句法层面的因素影响？如何在教学中提高学习者动词时态的准确性？

本研究的被试为非英语专业大学二年级的学生，学习英语时间均超过了 7 年，熟悉英语的时态规则。研究采用定性的方法收集语料，要求学生写一篇记叙文，题目为 The National Day Holiday，共收集作文 30 篇。研究者对学生的书面作文中过去式的用法进行了归纳，针对时态的不同错误类型，着重分析与句法层面相关的时态错误，在此基础上探究中国学生在习得英语时态方面的形态-句法因素。

4.1.4 结果与讨论

通过对被试所产出的 30 篇记叙文的时态进行分析，对发现的过去式使用错误进行了分类：并列句时态使用错误和复合句时态使用错误。并列句

时态使用错误指的是被试在使用过去式时遗漏了并列连词 and、but 或 or
后面的动词时态标记；复合句时态使用错误是指被试在使用过去式时遗漏
了从句中的时态标记。

（4）a. So I went back to my home, my mother gave me a big hug
and I <u>feel</u> very happiness.

笔者修订版：So I went back to my home, my mother gave
me a big hug and I (felt) very (happy).

b. Firstly, I went to Huanghelou and the scenery <u>is</u> beautiful.

笔者修订版：Firstly, I went to Huanghelou and the scenery
(was) beautiful.

c. I stayed at home with my parents, but many <u>do</u> so in ways
that it would be incredibly boring.

笔者修订版：I stayed at home with my parents, but many
(did) so in ways that it would be incredibly boring.

d. In fact, not because I didn't want to go out and play, but it
<u>means</u> my physical condition was not allowed.

笔者修订版：In fact, not because I didn't want to go out and
play, but it (meant) my physical condition was not allowed.

e. However, this time, I was willing to stay at school and <u>do</u>
some things I <u>want</u> rather than wasting time at time.

笔者修订版：However, this time, I was willing to stay at
school and (did) some things I (wanted) rather than wasting
time at time.

例（4a）—例（4e）为并列句中出现的时态误用问题，这些时态错误
均出现在并列句的第二个小句。从句法规则的角度看，时态的使用应当保
持一定的连续性，并列句的前后两部分均应使用过去式。英语的并列句通
常由 and、or 或 but 连接，各个小句具有相等的句法地位，但这些例子说
明，二语学习者在语言表达过程中，注意力更加集中在第一个小句，也更

容易对其中的谓语动词进行时态标记。第二个小句的注意力出现了下降，句子的动词大多没有标记过去式。由此可见，二语学习者在时态的习得方面受到了句法层面的因素影响，句法的复杂性会影响到学习者对时态标记的注意力，进而影响其语言表达的准确性。

（5）a. Time passed quickly when you <u>do</u> something significative.

笔者修订版：Time passed quickly when you (did) something (significant).

b. Although I had imaged the picture of a sea of people traveling around the Qingdao, I <u>am</u> also shocked when I arrived at the railway station.

笔者修订版：Although I had imaged the picture of a sea of people traveling around (Qingdao), I (was) also shocked when I arrived at the railway station.

c. In the last two days, though the weather <u>is</u> not good, my family went to the park, the cinema, the market, we just <u>want</u> to have a precious memory.

笔者修订版：In the last two days, though the weather (was) not good, my family went to the park, the cinema, (and) the market(.) (We) just (wanted) to have a precious memory.

d. Although, the holidays <u>are</u> brief, some people chose to travel, some people chose to learn to enrich herself or himself, some people chose to go home with parents, and so on.

笔者修订版：(Although) the holidays (were) brief, some people chose to travel, some people chose to learn to enrich (themselves), some people chose to go home with (their) parents, and so on.

e. It was so crowded that I <u>can</u> not move at all.

笔者修订版：It was so crowded that I (could) not move at all.

f. Like most people, I chose to go home, because I didn't know whether I <u>have</u> any other plans.

笔者修订版：Like most people, I chose to go home, because I didn't know whether I (had) any other plans.

g. At home, I helped parents to do some things as soon as possible so that I <u>can</u> reduce their burden.

笔者修订版：At home, I helped (my) parents to do some things as soon as possible so that I (could) reduce their burden.

h. Personally, I went on journey home which <u>is</u> more convenient and comfortable.

笔者修订版：Personally, I went on (my) journey home which (was) more convenient and comfortable.

i. However, Jinan's traffic condition was so terrible that we <u>cannot</u> stand it.

笔者修订版：However, Jinan's traffic condition was so terrible that we (couldn't) stand it.

j. To my great relief, my cousin came and we visited some wonderful places which <u>makes</u> my holiday colorful and amazing.

笔者修订版：To my great relief, my cousin came and we visited some wonderful places which (made) my holiday colorful and amazing.

k. The rest of holiday I just stayed at home. On the one hand, I was so tired that I <u>hope</u> I can have a break.

笔者修订版：(During the) rest of holiday I just stayed at

home. On the one hand, I was so tired that I (hoped) I (could) have a break.

例（5a）—例（5k）则为主从复合句（complex sentence）中出现的时态误用问题。从结构上看，主从复合句由一个主句（main clause）和一个或多个从句（subordinate clause）构成，因此复合句的结构更加复杂。在主从复合句中，句子的主体部分是主句，从句只是复合句的次要成分。从语法规则的角度来说，英语复合句有着"时态呼应"的要求，即当复合句的主句变为过去式时，其从句应相应地变为过去式，以便与主句动词在时间上取得逻辑上的呼应。上述例子说明，二语学习者虽然能够在主句中较准确地使用过去式，但在从句中却容易出现时态问题，未能使从句的动词与主句的动词进行"时态呼应"。从以上分析可以看出，绝大多数时态问题出现在从句中，说明时态标记的错误同样受到了句法复杂性的影响。在主从复合结构中，主句和从句所受到的注意力并非均等的：主句受到的注意力要更多，谓语动词被标记过去式的可能性更大；从句所受到的注意力更少，二语学习者在从句中出现时态误用的可能性则更多。

二语学习者时态习得的情况表明，句法层面的影响是一个不容忽视的因素。学习者在时态标记方面表现出了明显的变异，这种形态-句法界面的变化属于一种系统性变异。受句法结构复杂程度的影响，学习者会对不同的句法成分给予不同程度的注意力。当学习者在语言输出中给予较高的注意力时，时态标记的准确性就会明显提高；当学习者在语言输出中给予的注意力较低时，时态标记的准确性就会明显下降，出现较多的时态标记错误。与本族语者的语言相比，中介语系统的变异更加明显，时态标记的偏误恰恰反映了中介语形态-句法界面的复杂变异。

4.2 非限定结构

英语中的动词有限定和非限定的用法。在非限定结构中，动词不受主语的限定，没有时态、人称和数的变化。从句法功能上来看，非限定结构具有名词、形容词和副词的特征，在句中可以充当主语、宾语、表语、定语、状语、宾语补足语等。从其形态变化来看，非限定结构保留了动词的部分特征，也具有体和语态方面的用法。一般认为，汉语的动词没有限定和非限定的用法区别,英语非限定结构在形态-句法方面的复杂性对二语学习者来说具有一定的难度。中国学生能够在多大程度上识别非限定结构的形态-句法制约、提高语言表达的准确性，是我们需要进行深入研究的一个课题。

4.2.1　非限定结构的形态-句法特征

在传统语法的分析中，非限定结构与限定结构的区分主要是从屈折形态及功能上进行的。与限定动词不同，英语的非限定动词既不携带时态标记，也不体现主谓一致关系，不能做句子的谓语（Trask 1999）。非限定结构在描述事件的过程时，不以"讲话"时间为参照点体现时间指示意义，因而不能直接对事件进行时间定位，但依然可以借助句中的谓语动词为参照点，反映两个事件发生次序的逻辑时序。"以谓语动词表示的动作为参照点，英语动词间有三种逻辑时序关系：在逻辑上先于谓语动词表示的动作发生；与谓语动词表示的动作同时发生；晚于谓语动词表示的动作发生。"（向明友 2008：424）我们可以通过下面的例子分析英语非限定结构的逻辑时序：

（6）They hope to win the competition next year.

（7）You could try being a little more encouraging.

（8）Stop bothering me when I'm working.

在例（6）中，谓语动词 hope 和非限定结构 to win the competition 所表示的事件在逻辑上具有先后时序关系。从逻辑关系上看，先有了"希望"，然后才会发生"赢得比赛"的事件。在例（7）中，谓语动词 try 与后面的非限定结构 being a little more encouraging 所表示的事件在逻辑上同时发

生。在例（8）中，谓语动词 stop 所表示的事件在时间顺序上要晚于非限定
结构 bothering me 所表示的事件。从逻辑关系看，要先有"打扰"（bothering）
的动作，才会有后来的"停止"（stop）。由此可见，英语非限定结构以谓语
动词为参照点，通过构建复合时间关系表达事件的逻辑时序。

　　汉语是否与英语一样具有限定与非限定结构的区分呢？根据朱德熙
（1985）的分析，汉语动词没有显性时态及一致形态，如果以动词形态为标
准，可以说汉语没有限定和非限定区分。虽然也有一些研究者（如 Huang
1982，1989；Li 1985，1990；Lin 2011，2015）认为从句法的角度看汉语动
词可以区分出限定与非限定，但曹道根（2018）认为，这些学者提出的证据
并不能成立。根据曹道根的观点，限定和非限定的区分存在不同标准，汉语
缺少按形态和句法来区分限定和非限定的证据，但从功能意义上的限定性范
畴来看，汉语存在语义限定和非限定区分。本章遵循传统意义上的限定与非
限定概念，认为汉语并不具有形态-句法意义上的限定与非限定区别。

4.2.2　非限定结构的习得研究

　　作为一种功能范畴，非限定结构的习得受到了研究者的普遍关注。根
据"最简树假说"，中介语初始状态中缺少功能范畴（Vainikka ＆
Young-Scholten 1996）。基于"最简树假说"的预测，研究者考察了母语为
英语的法语学习者习得限定动词和非限定动词相关的否定结构，以此探究
学习者初始语法中功能范畴的状态和性质。研究结果表明，功能范畴 I 或
T 在中介语中出现得相当迅速，学习者语法中的这些否定动词、限定动词
和非限定动词的发展模式也表明，功能范畴的特征值一旦被投射出来就会
被习得到位（Rule ＆ Marsden 2006）。

　　在另外的一项研究中，有学者基于"表层屈折成分缺失假说"（Missing
Surface Inflection Hypothesis）考察了两名成年法语学习者和两名成年德语
学习者的即时性产出语料。根据这一假说的预测，二语学习者对时态和一
致的功能投射和特征的认识是无意识的，学习者有时在表面形态的实现方
面存在问题，因此他们会求助于非限定形式。在菲利普·普雷沃（Philippe

Prévost）和莉迪娅·怀特（Lydia White）的研究中，数据分析显示，被试不会在非限定结构的语境中使用动词的限定形式，说明他们能够区分动词的限定形式和非限定形式。这种情况说明，成人二语学习者在功能范畴方面并未受到损伤（Prévost & White 2000）。

教学环境下的非限定结构习得情况也受到了较多的关注，许多研究者针对教学中发现的问题展开了研究。例如，程芬（2010）采用语料库方法对非英语专业大学生习得英语非限定动词的偏误进行了分析。研究者首先对中国学习者英语语料库（Chinese Learner English Corpus，CLEC）两个子语料库中英语非限定动词的错误进行对比、归纳，区分了七种常见的错误类型。研究发现，导致学生英语非限定动词使用错误的原因包括过度纠正、错误类比、错误分析、字面翻译以及教师误导等。王亭亭（2019）就修正性反馈对高中生英语非限定动词习得的有效性进行了研究。结果发现，"教师反馈模式下，学生对非限定动词中的不定式形式的习得效果最显著，其次是-ing 分词，最后是-ed 分词。小组同伴反馈为主、教师适时介入模式下，学生对非限定动词中-ing 分词的习得效果最显著，其次是不定式，最后是-ed 分词"（王亭亭 2019：38）。另外，学生对教师反馈和小组同伴反馈为主、教师适时介入模式均持肯定的态度，教师反馈对学生的影响力仍较为明显，而小组同伴反馈有助于学生转变课堂角色，相应地也培养了学生的自主学习和合作学习能力。

邵士洋和吴平（2021）对 120 名非英语专业大学生的非定式小句习得状况进行了研究，语料来源为语法识别任务和测后勘误两种方式，涉及 9种英语非定式小句。研究发现，中国学生在英语非定式小句习得方面受到非定式小句的句法环境、主语的隐现和语言水平三种因素的显著影响。相较于附加语环境中的非定式小句，被试对动词补足语结构中非定式小句的判断准确率显著增高；在补足语结构中，被试对有主语结构的判断要逊于无主语结构的判断；在附加语环境中，被试在主语同指结构方面的表现好于主语异指结构；就语言水平的影响而言，高级组的被试倾向于使用非定式小句，中级组多使用状语复合句，初级组则倾向于使用两个独立的简单句。Shahid 等（2021）对巴基斯坦的英语学习者理解限定动词和非限定动词结构中的误区进行了研究。被试为 200 名中级英语学习者，研究者采用语言形态学、句法功能和语义组合原则对变量进行解释。实验分为前测试和后测试两个阶段，共进行了六周的时间。结果发现，被试在教学干预后的习得具有非常好的表现。

从以上的分析可以看出，国内外的研究者对动词的非限定形式的习得给予了足够重视，得出的研究结论也颇有启示意义。鉴于英汉两种语言固有的差异，有必要从形态-句法的视角对此进行进一步深入研究，通过探究非限定结构的习得规律，为二语句法教学提供参考和借鉴。

4.2.3　研究设计

本研究要回答的问题是：中国大学生在使用英语非限定结构方面存在哪些偏误？导致这些偏误的主要因素有哪些？

研究采用《中国大学生英汉汉英口笔译语料库》（文秋芳和王金铨 2009）中的汉英笔译语料，语料来源为国内大学英语专业高年级学生的翻译测试。研究者将翻译语料文本中发现的一些非限定形式偏误进行归纳分类，并对偏误产生的原因进行深入分析。

4.2.4　研究结果

从语料库的数据来看，学生在使用动词非限定结构方面存在不同类型的失误，这些语言偏误类型如表 4.1 所示。

表 4.1　动词非限定形式使用偏误

偏误类型	偏误示例
过度使用限定形式	... my mother can <u>recited</u> the definition of ... ... I should not <u>told</u> some unimportant things ... ... it can suddenly make me <u>notices</u> ...
过度使用非限定小品词 to	... I always patiently <u>to</u> explain ... ... it made me <u>to</u> discover ... The young people should <u>to</u> do more exercise ...

偏误类型	偏误示例
动词之间的逻辑时序问题	When <u>mention</u> her boyfriend, the girl is quite subjective. In this point, my attitude is firm: I support <u>to control</u> them strictly. I'm a writer, earning money <u>supported</u> my life.
词类误用问题	... and to <u>strong</u> their body in their spare time.

　　研究发现，学生存在过度使用动词限定形式的现象。例如，情态动词后面应当使用动词的非限定形式，但学生的翻译文本中出现了 can recited 和 should not told 等形式的语言偏误。过度使用动词限定形式在中介语中是一种发展性偏误，第二语言学习者一般会随着目的语水平的提高，逐渐减少这类偏误的出现。

　　此外，研究发现学生还存在过度使用非限定小品词 to 的情况，从而出现了 made me to discover 和 should to do 等类型的偏误。出现这类语言偏误的原因可能在于学生对动词非限定形式进行过度概括而导致了泛化使用（如 made me to discover），也可能是将某些结构作为语块而导致小品词的过度使用（如 should to do）

　　从动词之间的逻辑时序看，学生也存在非限定形式的误用问题。例如，在 I support to control them strictly 中，动词 support 与 control 表示的动作从逻辑关系来看应属于同时发生的事件，因此这里应当将 control 改为动名词形式 controlling。而在 earning money supported my life 中，动词 earning 与 supported 表示的动作在逻辑上应属于先后发生的事件，即"挣钱"在先，"养活自己"在后，因此非限定动词 supported 应当改为 to support。逻辑时序出现的问题与母语迁移的影响有关，汉语的动词缺乏限定和非限定之分，学生在使用英语表达时难免会出现动词之间逻辑时序不清的问题。

　　就词类的误用而言，strong 为形容词，不能用于非限定结构，这类错误的出现也与母语的影响有关。在汉语里"强壮"既可以用作形容词，也可以用作动词。例如，我们可以说"他的身体很强壮"，也可以说"强壮我们的身体"，如果把汉语中的这种用法迁移到英语中，就容易出现这种词类误用错误。

4.2.5　讨论

从前面的归纳分析可以看出，中国大学生在翻译任务中使用非限定结构时存在四种主要的偏误，这些偏误涉及过度使用限定形式、过度使用非限定小品词 to、逻辑时序问题、词类误用问题等。在这些错误类型中，过度使用限定形式属于一种发展性问题。在第二语言学习的某个阶段，学习者在接触了某种语言结构之后，会倾向于过度使用某种结构。在要求使用非限定语境的情况下，学习者会出现过度使用限定动词的失误。这种语言失误只是一种发展性问题，随着学习者目的语水平的提高而逐渐消失，但教师的反馈会提高学生的语言输出质量，从而避免再次出现这种类型的语言偏误。

在逻辑时序方面，中国学生亦存在非限定结构使用不当的问题。以表示同时发生的动作为例，英语小句里两个相邻的主动词以谓语动词代表的动作发生的时间为参照点，如果另一动词所代表的动作在逻辑上发生在谓语动词表示的动作之前或同时，那么该动词就要非限定化为-ing 形式（向明友 2008）。英语非限定结构的逻辑时序对中国学生的习得通常会造成比较大的困难，其原因在于，汉语中动词之间的时序关系往往是通过动词的语义和时间状语体现的，而不会借助形态的变化。以英语 remember 的用法为例，remember doing something 表示的是"记得做过某事"，这里动名词非限定形式表示的动作发生在"记得"之前；remember to do something 则表示"记得去做某事"，这里不定式表示的动作发生在"记得"之后。从逻辑时序的角度分析非限定结构的用法，有利于学生掌握语法规则的内在规律，否则就会经常出现使用不当的情况。

在非限定结构的使用方面，词类误用也是一个比较突出的问题。中国学生除了容易犯形容词误用作动词的错误之外，也常常会在非限定结构中将名词误用作动词，例如：

（9）It's difficult to <u>memory</u> (memorize) English words.

（彭明娥 2010：76）

彭明娥（2010）从标记理论的视角对词类的误用问题进行了分析，认为英语词类误用与其标记性程度成正比，即标记性越强其误用频率越高。根据"标记性区分假说"（Markedness Differentiation Hypothesis），二语中那些不同于母语且标记程度更高的成分更难习得（Eckman 1977）。汉语中的名词用作动词时不用改变形式，是无标记的；而英语大部分名词用作动词时在形式上有很多变化，标记性更强。因此，中国学生在非限定结构中使用英语动词的时候往往容易出现词类误用的问题。

4.3 本章小结

形态和句法是语言中联系比较紧密的两个层面，从而在语言习得中形成了形态-句法界面的信息互动和整合，这不仅会对二语的时态习得产生影响，而且也会制约非限定结构的习得。从时态的习得来看，鉴于形态特征在语言之间的分布差异，二语学习者在习得目的语的时态时，句法结构的复杂程度是一个不容忽视的问题。对非限定结构的习得而言，语言之间逻辑时序的表征差异是一个重要的影响因素。在第二语言习得中，学习者需要不断积累形态-句法的界面知识，充分了解影响形态-句法映射的约束条件，减少句法操作中的语言失误，提高句法表达的准确性。

第5章

二语句法操作的语用界面

5.1 存 现 句

英语中的存现句属于一种后置结构，传统的语法著作在描述存现构式时往往与 there be 存现句相提并论，很少涉及存现构式所特有的句法-语用方面的制约。如果从语言认知的角度分析，可以发现，存现句借助图形-背景关系这种结构完形的方式将感知的外部事物表达出来。在具体的语境条件下，这种结构完形则会进一步凸显句中的信息焦点，从而在语境中构成完整的信息链。可见，对存现句的研究不能限于语言的单一模块，从语言界面出发对这一特殊的句法-语用现象进行考察，有助于二语学习者加深对语言习得规律的认识，提高语言表达的质量。

5.1.1 存现句的结构特征

从存现句的结构上来看，谓语动词主要为一些表示"存在"或"出现"概念的不及物动词。这些动词可与介词词组连用，通过实义主语的移位，在一定的时空范围内呈现其所指称的人或物，借以引出新的话题。例如：

（1）There exist many ancient temples of this kind on the shores of the Mediterranean.

（2）There occurred at that moment a most remarkable incident.

（3）There rose in his imagination visions of a world empire.

（章振邦 2012：447）

根据张克定（2007）的研究，可以将例（1）存现句的结构看作一种图形-背景关系构成的完形结构。这种图形-背景关系的表现形式为：触发语（trigger）+过渡（transition）+图形（figure）+背景（ground）。其中，触发语为存现句中的虚位主语 there，过渡则为存现句的谓语动词，图形则指移位后的名词短语，背景则为存现句中表达时空概念的介词短语。例（2）和例（3）中的存现句则表现出图形-背景关系的灵活性及其完形结构的语序变化。

存现句的这种图形-背景关系在语言认知方面具有一定的理据。一般来说，事物的凸显性越强，越容易引起大脑的注意；事物的完整性越高，越有利于大脑组织语言和进行表达。存现句中的虚位主语 there 仅仅具有触发作用；作为句子的过渡，谓语动词充当触发语和后面两个实体之间的纽带。当句中的动词表达"存在"或"出现"含义时，可以在存现句的完形结构中依次填充图形和背景。在存现句这种图形-背景结构中，动词往往为非宾格动词，符合存现句的语义制约条件，因而具有较高的凸显度，大脑的加工相对也较为容易。因此，动词后面的名词短语也容易成为知觉的对象，从而与表达时空概念的介词短语构成一个完整的图形-背景结构。在图形-背景结构中，名词短语所指称的事物在时空框架中具有明显的可视性。

然而，如果动词在语义上并不蕴含"存在"或"出现"概念时，其凸显性则明显下降。在这种情况下，名词短语的提取和加工就会变得异常困难，结构上的完形也难以实现。因此，原有的图形-背景关系需要加以调整，从而形成一种新的存现结构：触发语+过渡+背景+图形。

在这种新的存现结构中，触发语与过渡仍然保留在原来的位置，语序发生变化的是图形和背景。背景所代表的时空框架移位到了动词（过渡）后面，在语义上使得动词获得了"存在"或"出现"的含义，从而使图形所表征的事物具有了一种可视性。有些动词表示的是"消失"概念，这类动词不能直接用于存现句，同样需要借助背景所代表的时空框架从语义角度进行整合，同时在结构上实现完形。

由此可以看出，图形-背景关系中的存现句语序变化具有一定的认知理据，借助图形-背景的完形结构可以实现动词在表征"存在""出现""消失"

等语义概念时的可视性。在语境条件下，存现句的可接受性会受到信息结构的影响，我们可以从认知的角度对这种句式的语用制约做出合理的解释。例如：

（4）President Clinton appeared at the podium accompanied by three senators and Margaret Thatcher. Behind him there stood the Vice President.

（Birner & Ward 1998：109）

这个语篇共由两个句子组成，其中第一个句子提供的是语境信息，即"克林顿总统在三名参议员和玛格丽特·撒切尔的陪同下出现在了讲台上"，第二个句子为 there 存现句，该句表达的意思为"在他身后站着的是副总统"。存现句中的名词短语 the Vice President 作为图形移位到句末位置，此处传递的既是语篇新信息，也是听话者旧信息；同时，句中的 behind him 为背景，前置到了句首，并与上一句形成了信息关联。该存现句所表征的图形-背景关系结构为：背景+触发语+过渡+图形。

在这个图形-背景关系结构中，要求图形传递的是语境上文未曾出现的新信息，否则图形移位至句末的存现句就无法被接受。这是因为，图形所代表的实义主语移至句末使其成为句子的信息焦点，即语篇新信息（discourse-new information）。从人类的认知规律来看，新信息的出现通常以旧信息为联结点，借助这一联结点新信息才会被大脑所理解、接受和储存（马玉蕾和王振华 2009）。就例（4）而言，尽管语境中的名词短语 the Vice President 属于听话者旧信息（hearer-old information），但该信息并未在语篇的上文出现过。因此，从语篇的角度来说依然属于新信息，该句的信息传递过程符合人类从已知到未知的认知规律。需要指出的是，存现句若违反了这一认知语用规律的制约，即使语义上符合非宾格性的制约条件也不会被接受（尹洪山 2017）。

5.1.2　存现句的语用制约

从语言界面的角度来说，存现句中的句法-语用关系属于语言的外部界面，存现句的可接受性受语篇中蕴含的信息状态制约。在涉及介词短语前置的存现句中，后置名词短语的信息状态对句子的可接受性具有重要影响。正如上文所述，如果后置名词短语传递的是语篇的旧信息，那么存现句则无法被接受。例如：

（5）Jill and John sat eating pizza. Jill took a slice and carefully picked off all the mushrooms, then took a big bite. #Across from her there sat John, working on his fourth or fifth slice.

（Birner & Ward 1998：205）

在这里，存现句中的名词 John 为语篇的旧信息，在语境中已经提到过，违反了存现句的语用制约条件，因此不可以被接受。不过，同样的信息状态在普通的倒装结构中却仍然可以被接受。例如：

（6）Jill and John sat eating pizza. Jill took a slice and carefully picked off all the mushrooms, then took a big bite. Across from her sat John, working on his fourth or fifth slice.

（Birner & Ward 1998：205）

在例（6）中，介词短语 across from her 与倒装句的后置成分 John 承载的均是语篇旧信息，句子仍然可以被接受。倒装句与存现句的情况形成了鲜明的对照，后者要求后置成分须为一种新信息。

那么，是什么因素导致两种结构之间不同的语用制约条件呢？从信息结构的角度分析，在倒装结构中，前置的介词短语与后置的名词短语所传递的信息应当有着近似的熟悉程度，两者可以均为语篇旧信息；而在涉及介词短语前置的存现结构中，前置的介词短语具有话题功能，传递的是语篇旧信息，后置的名词短语则应满足语篇新信息或听话者新信息的制约条件。两种结构看似差别不大，但其蕴含的语用关系却大不相同。研究者认为，普通的倒装结构只蕴含了一种制约条件，而涉及介词短语前置的存现句蕴含了两种不同的制约条件，其语用关系更为复杂（Birner & Ward 1998）。

5.1.3　存现句的习得研究

存现句的习得研究涉及多个语言界面，从语用的角度来看，研究者关注的问题是，二语学习者是否能够识别存现句中的信息结构，从而在句法操作中实现信息的连贯表达。例如，有学者对二语学习者习得英语存现句的情况进行了研究，被试的母语为汉语、日语、朝鲜语、印度尼西亚语、西班牙语、德语等 10 种语言。研究发现，非本族语者在书面语中使用 there 存现句的频率高于英语本族语者，且在存现结构中使用非宾格动词（如 lie、sit 等）的比例较低，绝大多数被试使用 be 动词。研究同时发现，即使被试能够识别存现句中的语用信息，学习者也较少将其母语中的存现结构迁移到目的语中（Balhorn 1996）。

特谢拉（Teixeira 2018）研究了母语为法语和葡萄牙语的大学生习得英语存现句的情况，实验材料中的存现句所使用的动词均为非宾格动词。研究发现，在仅涉及"纯粹"的句法特征或语言内部界面（句法–语义）的情况下，二语学习者均能成功习得英语中的存现句，但当涉及句法–语篇关系的外部界面时，二语学习者对英语存现句的习得极不稳定，表现出了明显的选择性。这种选择性或不稳定性受四种因素的影响：存现句的输入频率、一语与二语的相似程度、语境中需要加工的信息量、学习者的二语水平。换句话说，二语水平较低的学习者在习得与其母语差异较大的语言时，如果存现句的输入频率较低，且需要学习者在语境中加工较多的信息，存现句的习得就会在句法–语篇界面产生较大的困难。

5.1.4　研究设计

本研究要探讨的问题是：在二语存现句的可接受性任务中，中国学生的句法操作是否受到语用因素的影响？存现句的习得是否在句法–语用界面存在较大的困难？

本研究的被试为 57 名英语专业大学三年级的学生，平均年龄为 21 岁，学习英语超过 10 年时间，可以被视为中高级阶段的英语学习者。实验材料为 10 个英语例句,被试根据上下文对目标句做出相应的判断(参见附录 3)。实验材料设计如下。

（7）Tom walked into the classroom with Linda and sat in the first row. <u>In front of them there stood the teacher, writing a poem on the blackboard.</u>

（5　　4　　3　　2　　1）

（8）The door opened slowly. The manager stepped into the office. <u>Behind him there came the secretary who asked for resignation.</u>

（5　　4　　3　　2　　1）

在这两个例子中,画线部分为 there 存现句,两者均涉及了介词短语的前置（in front of them 和 behind him）,其中名词 the teacher 和 the secretary 则为语篇新信息,符合存现句的信息制约条件。这类实验句标记为 S_1。

（9）Diana and her husband, Carl, cried for help at the window. Diana felt despair at the moment. <u>Beside her there stood Carl who never lost hope.</u>

（5　　4　　3　　2　　1）

（10）Jenny and John sat eating pizza. Jenny took a slice and enjoyed it very much. <u>Across from her there sat John, eating his fourth or fifth slice.</u>

（5　　4　　3　　2　　1）

在例（9）和例（10）中,画线部分也是 there 存现句,两者同样涉及了介词短语的前置（beside her 和 across from her）,不过,这两个例句中的名词短语 Carl 和 John 均为语篇旧信息,不符合存现句的信息制约条件,这类实验句标记为 S_2。

研究者将实验用的 10 个例句随机排列,让被试在规定的时间根据利克特量表对目标句做出可接受性判断,经 SPSS 统计软件处理后对数据进行分析。

5.1.5　结果与讨论

表 5.1 显示的是 S_1 与 S_2 成对样本统计量。从中可以看出，S_1 均值为 3.75，S_2 均值为 3.21，S_1 和 S_2 的标准差分别为 0.89 和 0.79，S_1 均值>S_2 均值，被试 S_1 的接受程度高于 S_2，说明存现句的信息制约条件对被试的句法加工具有一定的影响。

表 5.1　成对样本统计量

实验句		均值	被试人数	标准差	均值标准误差
对 1	S_1	3.75	57	0.89	0.12
	S_2	3.21	57	0.79	0.11

表 5.2 呈现的是成对样本的 t 检验情况。数据显示，t 值为 4.14，自由度为 56，$p<0.01$，说明 S_1 与 S_2 句式的均值具有显著性差异。这种情况说明，语篇的信息结构对存现句的加工和习得具有显著的影响，中高级阶段的二语学习者能够识别句法-语用界面的这种信息制约，从而有效习得涉及语言外部界面的句法结构。

表 5.2　成对样本 t 检验

实验句		成对差分			t 值	自由度	p 值（双侧）
		均值	标准差	均值标准误差			
对 1	S1-S2	0.53	0.97	0.13	4.14	56	0.000**

从研究的结果来看，在可接受性判断任务中，中国学生的二语句法操作受到了语用因素的制约，被试对句法结构中蕴含的语用信息具有一定的识别能力，从而有助于其在特定的语境中实现语篇的信息组织和连贯表达。本研究表明，中高级阶段的二语学习者能够在句法-语用界面习得英语的存现结构，语言的外部界面没有对其在可接受性判断中的表现造成较大的影响，这与"界面假说"的预测不完全一致。根据"界面假说"，外部界面涉及复杂的信息加工，学习者在习得与此相关的句法操作规则时会遇到较多的困难。不过，本研究的结果说明，对中高级阶段的二语学习者来说，外部

界面的复杂信息并非难以加工，这可能与学习者所接触的语言输入有关。中高级阶段的学习者在语言输入中接触过较多的存现句，同时存现结构也是中国学生过度产出的一种句式，中高级阶段的学习者对其句法-语用界面的信息熟悉度更高一些。可见，二语句法的操作本身具有特殊的复杂性，我们还需要进一步地深入研究方能解读句法-语用界面的制约机制。

5.2　前　置　结　构

英语中的前置（preposing）句式是一种非典型语序，具有句法和语用两个方面的制约性，前者有助于保持句法结构的稳定性，后者则对语篇的衔接与连贯提出了要求。不过，以往的句法习得研究大多关注常规语序，对前置结构这种非典型句式并未给予足够的重视。另外，在以往的句法习得研究中，研究者主要关注普遍语法和语言迁移的作用，缺少从语用层面对前置结构习得的深入研究。下面将从句法和语用的界面视角，研究语境因素在前置句式习得中的影响和作用。

5.2.1　前置结构的语用特点

前置句式涉及一个短语成分的移位，该成分从原来的位置移动至句首，并在原来的位置留下一个语迹，任何其他成分均不得占据这一空位。例如：

（11）To illustrate with a simple analogy, consider a person who knows arithmetic, who has mastered the concept of number. In principle, he is now capable of carrying out or determining the accuracy of any computation. Some computations he may not be able to carry out in his head. Paper and pencil are required to extend his memory.

（Ward & Birner 2004：158）

　　在这个例子中，名词短语 some computations 移位到了句首，但句子的主语和谓语动词的位置没有发生变化，因此，这里只涉及名词短语的前置，并不涉及主语和谓语的倒装。

　　在这类句式中，前置的名词短语充当句子的话题，这是因为，该名词短语传递的信息在语境中已经提及过，属于语篇的旧信息。这种前置结构也被称为话题前置。另外，有时句中前置的名词短语充当句子的焦点，在这种情况下，虽然句子焦点所传递的信息在上文中没有具体的所指，但前置成分同样需要与语篇的上文保持一种信息上的关联。例如：

　　（12）A: What do you think I should take on the camping trip?

　　　　　B: <u>That COAT you're wearing</u>, I think you should take.

　　　　　　　　　　　　　　　　　　　　（Casielles-Suárez 2004：146）

　　例（12）为一个对话，画线部分在句中充当信息焦点，该名词短语从其原来的句末位置移位到了句首。虽然前置成分与讲话者 A 所说的内容没有构成显性的所指关系，但仍然可以从语境中发现其中的隐性信息关联。这是因为，当人们外出野营的时候，往往会随身携带一些随身用品，衣服自然是必不可少的。在这个对话中，画线的部分作为话语焦点与句子的上文之间依然存在着信息关联。因此，前置句式能够被接受的关键在于前置成分是否与语篇的上文构成一种信息链，如果违反了这一语用制约，前置结构就不能被本族语者所接受。

　　由此可见，前置成分与句子的主动词之间存在一种词汇支配关系，前置成分虽然在句中的位置发生了变化，但仍然受到主动词的支配。需要指出的是，英语的前置句式并不仅仅涉及名词短语移位，在特定的语境下动词短语（VP）和形容词短语（AP）也可以发生移位。例如：

　　（13）Tchaikovsky was one of the most tormented men in musical history. In fact, ONE WONDERS HOW HE MANAGED TO PRODUCE ANY MUSIC AT ALL. <u>But produce music he did</u>.

　　　　　　　　　　　　　　　　　　　　（Birner & Ward 1998：56）

在这个例子中，讲话人使用了动词前置结构 produce music he did，其语用意图在于对事实进行强调。如果将该句改为常规的语序，其连贯性和表现力则会大打折扣，例如：

（14）Tchaikovsky was one of the most tormented men in musical history. In fact, one wonders how he managed to produce any music at all. <u>But he produced music</u>.

形容词前置结构通常用来表达对某种品质或特征的判断和评价，讲话者通过使用这种非典型结构，达到在话语中突出这种品质或特征的目的。例如：

（15）Interrogative *do* should then be classed as a popular idiom. <u>Popular</u> it may indeed have been, but I doubt the different origin.

（Ward & Birner 2004：159）

在这个例子中，语篇的上文出现了 as a popular idiom 这一信息，随后讲话者使用了前置结构 popular it may indeed have been，其中的形容词 popular 被移位到了句首。从上下文来看，讲话者在这里表达了一种主观判断，具有特定的语篇功能。通过观察可以看出，形容词短语的前置类似于前面的几种前置结构，都要求语篇中的信息链起到承上启下的作用，从而使得语篇的连贯更加自然。

此外，形容词短语的前置有时出现在对比性的结构中，例如：

（16）<u>Tactless</u> she may be, but <u>ungrateful</u> you should not think her.

（章振邦 2012：741）

在这个句子中，并列分句中的形容词均被前置到句首，从而形成了对比性话题结构。前者是对 tactless 的一种肯定性评价，后者则是对 ungrateful 的一种否定评价。通过这种修辞性的前置，可以有效地传达讲话者的交际意图，听话者的印象也会比较深刻。单就句法而言，这种前置结构似乎违反了英语的常规语序，但从语用的角度来看，在这种对偶式的前置结构中，上下文的衔接更加紧密和连贯。

前置语序有多种不同的类型，其所发挥的语篇功能也不尽相同，这些不同的语篇功能包括连贯功能、对比功能、强调功能等。语篇连贯功能是前置句式的基本功能，这类非典型语序借助语篇信息链，在语篇中起到承上启下的作用，如上面的例（15）所示。此外，在某些语境中，前置结构也可以发挥信息对比的作用。这种信息对比较多出现在由两个前置成分构成的句式中，如上面的例（16）所示：前置的两个形容词 tactless 和 ungrateful 通过信息对比起到了话题突出的作用。前置的运用使得语篇的前后两个部分成为一种具有修辞效果的并列结构，在特定的语境中能够增强语言的表现力。强调功能在一些前置语序中也有一定的体现，特别是在焦点前置（focus preposing）结构中，讲话者往往通过这类句式传递需要强调的信息。在这种情况下，前置句式通过改变原来的语序进一步凸显信息焦点，使原来处于句末的信息焦点移到句首，以吸引听话者的注意力。

5.2.2　前置结构的习得研究

在前置句式的习得研究中，名词短语的前置是最受关注的一种类型。从语言标记的角度看，前置句式相对于常规语序的句子更具标记性，属于较晚习得的结构。根据皮纳曼（Pienemann 1998，2003）提出的"可加工性理论"（Processability Theory），常规语序在句法习得顺序中处于第二阶段，属于较早习得的句法结构。学习者在之后的阶段才具备加工非典型语序的能力，因此前置句式的习得要晚于常规语序。在较早的研究中，研究者发现，被试虽然有着不同的母语背景，但在习得英语前置句式时均遵循类似的习得规律，被试在二语句法的第三阶段才会掌握名词短语的前置结构（Johnston 1985；Pienemann & Mackey 1993）。也有研究者从竞争线索的角度对此类结构的习得进行了研究。以名词短语前置习得为例，二语学习者需要借助最具竞争性的线索确定动作的施事和受事，这方面的研究（如 Rounds & Kanagy 1998；董燕萍和刘玉花 2006 等）涉及的核心问题是，母语中的竞争线索是否依然能够发挥作用。在董燕萍和刘玉花（2006）的研究中，被试为四个不同的水平组：初级双语组、中级双语组、高级双语组和汉语控制组。结果发现，语序的作用随着被试二语水平的提高而增强，但这种趋势不够稳定，高级双语组依赖语序的程度有所减弱。

此外，也有研究者（如 Valenzuela 2005）从语言迁移的角度对前置句式的习得进行了研究。这项研究的被试包括母语为西班牙语的高级英语学习者。结果发现，前置句式的习得受语言差异的影响较为明显，被试的中介语中出现了石化现象。郑超（2004）基于生成语法的理论框架对前置句式的习得进行了研究，被试为国内以英语为第二语言的高、中、低三个水平的学习者，控制组为英语本族语者。根据这项研究的结果，在汉英中介语发展的初始阶段，任何处于 IP 之外的 NP 均隐性地保持着自己的格，这种格意识在语言习得中起着比结构投射更为基本的作用。因此，在二语学习的初始阶段，学习者能够普遍摆脱 IP 之外母语结构的迁移影响。

尹洪山（2010）研究了信息状态对英语前置句式习得的语用制约，被试为 129 名英语专业大学生和研究生。实验材料中的 NP 前置句式涉及三个测点：活性信息（active information）、可推知性信息（inferentially accessible information）和语篇新信息（discourse-new information）。结果表明，被试基本上能够接受蕴含活性信息的前置结构，但却拒绝接受蕴含可推知性信息的前置句式，接受程度最低的是含有语篇新信息的前置句式。另外，目的语水平的影响并不明显，这种差异主要体现在需要更多认知努力的可推知性信息方面。在尹洪山（2012）的研究中，被试为 258 名英语专业大学生和研究生。结果发现，语境对前置句式可接受性的影响与前置句式的类型特征密切相关。如果脱离了语境，名词短语前置受母语迁移的影响较大，被试对该句式的接受程度则要明显高于动词短语和形容词短语前置结构；在语境条件下，被试对名词短语前置的接受程度虽有所提高，但总体提高幅度并不明显。就动词短语前置而言，无论是脱离语境还是语境条件下，被试均不接受这类句式。与上述两种类型前置不同的是，英语中的形容词短语前置在脱离语境的情况下被接受程度较低，但在增加语境后，其被接受程度明显提高。斯拉巴科娃（Slabakova 2015）研究了母语为西班牙语的学习者习得英语前置结构的情况。结果发现，被试能够识别语境信息对焦点前置的制约作用，但却无法有效识别语境信息对话题前置的制约作用。斯拉巴科娃（Slabakova 2015）认为，前置结构在语言中的输入频率较低，教学中应当适当提高该结构的输入频率，这对学习者习得前置结构具有促进作用。

总体来说，人们对前置句式的习得研究还不多见，特别是对动词短语和形容词短语前置的研究更为鲜见。另外，以往的研究大多为定量研究，缺乏对学习者个体的微观研究，因此难以揭示语用环境下前置句式习得中的个体因素，本研究拟从句法-语用的界面对此进行探究。

5.2.3　研究设计

本研究的问题是：二语学习者对不同类型前置结构的接受程度有何不同？学习者对前置结构有着怎样的元语言认识？

研究采用个案分析的方法，被试为山东省某高校的 1 名英语专业三年级学生。研究工具采用了尹洪山（2007b）的可接受性判断问卷，该问卷含有特定语境的 45 个情景语篇，要求被试根据上下文对画线部分按利克特量表进行可接受性判断（参见附录 4）。问卷中的部分情景语篇如下。

（17）There are a couple of nice points in there. <u>One point I can say something about</u>. The other I'm not sure.

（5　　4　　3　　2　　1）

（18）The time has come for a new American Emancipation, a great national drive to tear down economic barriers. My friends, together we can do this, <u>and do it we must</u>.

（5　　4　　3　　2　　1）

（19）A: This is not another vulgar disgusting film.

B: <u>Vulgar it is not</u>. Dumb it is. Did we see the same movie?

（5　　4　　3　　2　　1）

上述三个例子分别涉及名词短语、动词短语和形容词短语的前置，同时，语境中的上下文为前置结构提供了语用信息，有助于实现语篇的信息连贯。

此外，问卷中也包括了相应的常规语序，这类句子虽然符合英语的语法规则，但在上下文中的连贯性不及前置结构。例如：

（20）There are a couple of nice points in there. <u>I can say something about one point</u>. The other I'm not sure.

（5　　4　　3　　2　　1）

（21）The time has come for a new American Emancipation, a great national drive to tear down economic barriers. My friends, together we can do this, <u>and we must do it</u>.

（5　　4　　3　　2　　1）

（22）A: This is not another vulgar disgusting film.

　　B: <u>It's not vulgar</u>. It is dumb. Did we see the same movie?

（5　　4　　3　　2　　1）

除了上述两种语序的结构，问卷中还设计了部分干扰句，这类句子均违反了英语的语法规则，应当属于不可接受的句子。例如：

（23）There are a couple of nice points in there. <u>I one point can say something about.</u> The other I'm not sure.

（5　　4　　3　　2　　1）

（24）The time has come for a new American Emancipation, a great national drive to tear down economic barriers. My friends, together we can do this, <u>and do it must we</u>.

（5　　4　　3　　2　　1）

（25）A: This is not another vulgar disgusting film.

　　B: <u>Vulgar is not it</u>. It is dumb. Did we see the same movie?

（5　　4　　3　　2　　1）

被试根据要求朗读问卷中的每个语篇，并在利克特量表上对相应的画线部分进行可接受性判断，1=完全不能接受，2=不太能接受，3=不清楚，4=基本可以接受，5=完全可以接受。同时，被试需要说出作出判断的具体理由。

5.2.4　结果与讨论

从被试在问卷中的应答情况看，名词短语和形容词短语前置的被接受程度较高，均值均为 4.6。从表 5.3 中可以进一步看出，名词短语前置的可接受性高于常规语序，被试也能有效识别干扰项中违反语法规则的语序，说明被试对名词短语前置的语境信息比较敏感。需要指出的是，动词短语前置的可接受性明显低于名词短语和形容词短语前置结构，均值仅为 3.2。即使语境中的信息线索支持动词短语的前置，被试对动词短语前置的接受性也明显低于常规语序，说明被试对动词短语前置的语境信息敏感度较低。

表 5.3　被试不同类型句式可接受性判断均值

短语类型	前置结构	常规语序	干扰项
名词短语	4.6	4.2	1.8
动词短语	3.2	5.0	3.8
形容词短语	4.6	5.0	3.4

从被试对前置句式的元语言认识来看，其对名词短语前置和形容词前置的认识较为稳定，绝大多数情况下都能判断出该句式在上下文中比较连贯和自然。例如：

（26）She thanked him again and again, and with a sweetness of address invited him to be seated. <u>But this he declined</u>, as he was dirty and wet.

（5　　　4　　　3　　　2　　　1）

被试:"这句话我选比较能接受,比较舒服的说法是把 this 放到 declined 后面,但这样说我也能接受。"

（27）Interrogative *do* should then be classed as a popular idiom. <u>Popular it may have been</u>, but I doubt the different origin.

（5　　4　　3　　2　　1）

被试:"这句话我可以接受,因为学语法的时候学过类似的,把形容词提到最前面的这种倒装句。"

被试对名词短语和形容短语的前置表现出了较高的接受程度,对这两种非典型语序的信息组织方式有较为稳定的认识。不过,在对动词短语前置的判断中,被试的元语言认识表现出了明显的波动,说明未能完全习得这一句式。例如:

（28）He grew more and more partial to the house and environs, and even doubted to what place he should go when he left them—but still—<u>go he must</u>.

（5　　4　　3　　2　　1）

被试:"这句话我觉得不太能接受,我选2。我猜这句话它是想说 he must go,但是 go he must 我觉得这种倒装方法不太常见。就我目前所有的知识来说,我猜它是这个意思,其实我是不太确定的。"

从这里来看,被试在语言输入中接触到动词短语前置的机会较少,在识别语境中的信息链时会遇到较大的困难。因此,在遇到动词短语前置句式的时候,被试会感觉这种句式的语序与常规语序存在较大差异,无法确定其是否符合英语的用法。出于"安全策略"的需要,被试会将其判定为不能接受的句子。

从以上的分析来看,相对于动词短语前置,被试更容易接受对名词短语和形容词短语的前置,这一发现与尹洪山（2012）的研究结果较为接近。这种情况说明,前置结构的可接受性与其在语言中的输入频率有关,如果被试缺少接触这种非典型句法结构的机会,就容易将其视为不合语法规则的句子而拒绝接受。此外，我们可以发现，在某些情况下，即使前置结构更加符合语篇的信息连贯要求，被试对常规语序的接受程度也要高于前置结构。这说明，虽然存在句法规则和语用信息两种制约作用，但句法规则对二语学习者的影响更为明显，语用信息在一定程度上受到了句法因素的抑制。因此，有必要在教学中有针对性地加强语篇连贯的教学，使学生了解英语前置句式在信息编码方面的独特作用，通过有效识别非典型语序所蕴含的语用信息，提高其语篇的组织和建构能力。在传统的教学中，教师往往把语法规则的讲解作为课堂教学的中心，但对句法与语篇界面的教学不够重视。本研究的发现有助于从句法规则和语用信息的相互制约入手，及时发现句法教学的薄弱环节，有针对性地提高二语学习者的句法能力。

5.3　倒　装　句

在英语中，倒装句是由谓项置换而产生的一种非典型结构，这种句式与常规句表达相同的命题内容，但却有着完全不同的信息编码结构和语境制约条件。从句法结构看，倒装句通常将句子的主语与谓语动词进行位置变换，形成一种语序的重构，服务于语篇衔接与连贯。

5.3.1　倒装句的信息组织

倒装句的信息结构遵循话题-焦点的分布模式，在这种倒装结构中，处所短语承载的往往是语篇的旧信息，传递新信息的短语则移位到了句子的末尾。倒装句的信息组织方式反映了语篇信息连贯的内在要求，即语言的表达一般按照句末焦点的编码方式进行，信息按照从已知到未知的方式分布，靠近句末的地方传递的是语篇的新信息。例如：

（29）To the left of the altar one of the big wall panels with rounded tops opens, it is a secret door like in a horror movie, and out of it steps Archie Campbell in a black cassock and white surplice and stole.

（Birner & Ward 1998：158）

在这个语篇的倒装结构中，介词短语 out of it 含有上文提及过的旧信息，充当句子的话题，而后置的名词短语 Archie Campbell 则属于语篇新信息，充当句子的焦点，倒装句的这种信息编码方式符合人类语言认知的基本规律。

不过，需要指出的是，倒装结构中的旧信息未必是上文中直接提及的，有时这种信息属于可推知的信息（evoked information）。例如：

（30）She got married recently and <u>at the wedding was the mother, the stepmother and Debbie</u>.

（Birner & Mahootian 1996：134）

在例（30）中，名词短语 the wedding 在上文中并未出现，但该短语所承载的信息是可以从 got married 中推知出来的，因此也属于语篇旧信息，充当倒装句的话题，后置的名词短语（the mother, the stepmother and Debbie）则充当信息焦点。

5.3.2　倒装句的制约条件

从动词类型来看，倒装句可以分为涉及动词 be 的倒装句和由其他动词类型构成的倒装句，这两种倒装句的制约条件不尽相同。涉及动词 be 的倒装句对前置到句首的成分制约较少，一般只对其信息的新旧程度有一定的限制，涉及其他动词的倒装句则对动词本身的语义条件具有一定的制约。例如：

（31）He looked round, and not far off, <u>behind a clump of bushes, rose a thin column of smoke</u>. He put the diamond in the pocket, and walked towards the smoke. Soon he saw a queer little hut, and at the door, upon the ground, sat a man without any legs. [...]; he did not need any trousers, for he had no legs to put them on, as I have told you. <u>In front of him was a fire, and over the fire was a spit, and on the spit was a young kid roasting.</u>

（Dorgeloh 1997：3）

在这个例子中，两种类型的倒装句都要求前置的介词短语为已知信息，而在非动词 be 的倒装句中，涉及的动词往往是表示"出现"或"呈现"概念的非宾格动词。贝蒂·伯纳（Betty Birner）认为，倒装句的这种制约实际上反映了语用方面的影响因素（Birner 2012）。在早期的研究中，有学者认为动词 be 属于一种"轻型"（light）动词，在语篇中不承载新的信息（Hartvigson & Jakobsen 1974）。伯纳（Birner 2012）则提出了新的观点，认为倒装句中的非宾格动词在语篇信息状态方面与动词 be 相似，承载的信息可从语境中推知，因而也不是语篇中的新信息。

另外，就倒装句中后置的名词短语而言，早期的观点认为其传递的信息应为语篇新信息（Rochemont 1986），充当句子的信息焦点。不过，伯纳（Birner 1994）认为，后置的名词短语也可以承载可推知的语篇旧信息。例如：

（32）Mozart died almost exactly 200 years ago. The celebrations have been so neonlit as to make the Bach/Scarlatti/Handel tercentenary in 1985, even the Beethoven bicentenary of 1970, seem by contrast pale and tasteful. But the great masters do not need round-figure birthdays; their reputation no longer fluctuates and their music requires no arbitrary boosting. Nonetheless Mozart's present universal popularity would have surprised the taste of 1891. Early in the century he was taken by Hoffmann as a harbinger of romantic daemonism, but as the romantic epoch blossomed (with Hoffmann one of its key sources) Mozart was seen rather as an island of innocence before music realised its full powers. <u>Between the summits of Bachian polyphony and Beethovenian</u>

symphonism came the infant Mozart.

（ Prado-Alonso 2011：54 ）

在这个例子中,倒装句中的后置成分 Mozart 在语篇的上文中已经提到过，在这里不再是语篇的新信息。换句话说，倒装句中的信息新旧程度是相对的。但根据研究者的观点，此处的 Mozart 虽然在上文中出现过，已不再是新信息，但却是重新引入的成分，依然是话语的焦点（ Dorgeloh 1997 ）。

5.3.3　倒装句的习得研究

马库斯·卡利斯（ Marcus Callies ）的研究发现，母语为德语的英语学习者在习得英语倒装结构时，在可接受性判断中能够接受英语中的处所倒装，但在产出任务中却很少使用这类句式。虽然英语和德语的倒装结构非常相似,但学习者的产出任务却没有受到母语正迁移的影响(Callies 2009)。

特谢拉（ Teixeira 2018 ）对二语学习者习得倒装结构中的语言界面因素进行了研究，其研究对象为母语为法语和葡萄牙语的高级英语学习者或接近本族语水平的英语学习者，研究工具包括三种任务类型：无时间限制的拖放任务、句法启动任务和加速可接受性判断任务。结果显示，句法层面纯粹的句法特征可以被二语学习者完全习得,但倒装结构中那些涉及句法–语篇界面的语言特征则不能被完全习得，这与"界面假说"的预测一致。

在另外一项研究中，被试为母语为汉语的英语学习者。研究表明，被试能够在翻译任务中正确地、更频繁地使用处所倒装，这与"标记性区分假说"的预测相反，即目标语言中标记性越强的结构就越难学。这显然是受到了汉语母语的影响,从而使被试很容易理解和使用英语中的处所倒装。研究者认为，即使二语中的倒装结构更具标记性，一语中无标记的特征仍然可以迁移到二语中（ Song 2022 ）。

5.3.4　研究设计

本研究旨在回答以下问题：二语学习者在产出任务中能否识别倒装结

构中的信息线索？二语学习者在加工倒装结构时会遇到哪些困难？

被试为 44 名英语专业二年级大学生，平均年龄为 20 岁，大部分被试学习英语超过 10 年的时间，可以被视为中高级阶段的英语学习者。实验材料为 6 篇简短的对话或语篇，每个对话或语篇由语境和目标句组成，要求被试根据语境的信息将括号内的词和短语组合成目标句（参见附录 5）。例如：

（33）They have a great big tank in the kitchen, and ＿＿＿＿＿＿＿.

（these pots, all of, are, the tank, in, sitting）

在这个例子中，语境部分为 they have a great big tank in the kitchen，根据英语的语序规则，括号中的词和短语可以组合成两种句式：

A. all of these pots are sitting in the tank

B. sitting in the tank are all of these pots

这两种结构在句法方面并无不妥，但从语境中的信息编码来看，tank 为上文中曾经出现过的旧信息，因此，从语用的角度来说，sitting in the tank 前置充当话题，句法上采用倒装的结构（B）更加符合语篇的衔接和连贯要求。

（34）—Hey, Bill, there's the coffee grinder? Our guests will probably want some cappuccino after dinner.

—＿＿＿＿＿＿＿＿＿＿＿＿＿＿＿＿＿＿＿＿＿.

（the kitchen counter, on, the coffee grinder, is）

在这个对话中，目标句可有两种句法组合方式：

A. The coffee grinder is on the kitchen counter.

B. On the kitchen counter is the coffee grinder.

此处目标句中的 the coffee grinder 为语篇旧信息，作为话题，位于句首的结构（A）更加符合语篇的信息编码要求，上下文也更加连贯；而采用倒装结构的句式（B）则违反了语篇的信息制约条件，不符合语篇连贯的要求。

研究中设计的 6 篇简短对话或语篇分为两类，其中 3 篇的目标句为符合信息连贯的倒装句（T_1），另外 3 篇的目标句为符合信息连贯要求的常规句（T_2）。研究者对这 6 篇材料随机排序后，在课堂上让学生根据要求将目标句中的词和短语连接成句。问卷共发放 44 份，收回 44 份，均为有效问卷。研究者按照被试的答题情况进行赋分，T_1 和 T_2 满分均为 6 分。

5.3.5　结果与讨论

表 5.4 显示的是 T_1 和 T_2 的成对样本统计量。数据显示，被试在根据语境要求进行连词成句时，所产出的倒装句 T_1 均值为 3.09，所产出的常规句 T_2 均值为 5.75，说明被试在常规句产出方面的均值高于倒装句，被试根据语篇的信息连贯要求恰当地使用倒装句的表现低于常规语序的句子。

表 5.4　倒装句与常规句成对样本描述性统计量

实验句		均值	被试人数	标准差	均值标准误差
对 1	T_1	3.09	44	0.47	0.07
	T_2	5.75	44	0.65	0.10

表 5.5 呈现的是成对样本的 t 检验情况。数据显示，t 值为 −21.16，自由度为 43，$p<0.01$，说明 T_1 与 T_2 句式的均值具有显著性差异。这种情况说明，被试在产出性任务中使用倒装句实现语篇连贯的能力显著低于常规句，中高级阶段的英语学习者在产出任务中使用倒装结构具有较大的困难，语篇中的信息线索对其使用倒装句并没有起到相应的作用。

表 5.5　倒装句与常规句成对样本 t 检验

实验句		成对差分			t 值	自由度	p 值（双侧）
		均值	标准差	均值标准误差			
对 1	T_1-T_2	−2.66	0.83	0.12	−21.16	43	0.000**

从倒装句的习得情况来看，被试并没有在产出性任务中利用句法-语

用层面的信息线索，这与 5.1 节中理解性任务中的情况形成了鲜明的对比。二语学习者可能更加容易地识别可接受性判断中的句法-语用信息，对产出性的任务而言，需要学习者在句法-语用层面具备更高的信息整合能力。另外需要说明的是，倒装句在语言中的输入频率较低，这也会在一定程度上制约被试在产出性任务中使用倒装结构。从教学的角度来说，需要有意识地提高倒装句在语言中的输入频率，从而提高学习者对倒装句的敏感性，同时需要将倒装句的语用功能进行显性的讲解，丰富学习者二语句法的表现手段，提高其在特定语境中的句法表达能力。

5.4　关系从句[①]

关系从句在英汉两种语言中具有不同的类型特征，这对二语学习者往往会造成较大的习得困难。前期的研究大多从句法和语义的层面对关系从句的习得进行阐释，这虽在一定程度上揭示了这一特殊句法现象的习得规律，但却无法阐明语用因素对关系从句习得的影响。关系从句涉及复杂的语言界面关系，对这一句式的习得不仅涉及句法和语义之间的界面互动，而且也离不开语用因素的作用。例如，有些研究者基于句法上的结构距离探究关系从句的习得问题，也有一些研究者将生命性纳入了关系从句习得的研究视野。近年来关系从句的习得研究开始转向语言习得的外部界面，并将关系从句的话题性这一语用因素视为重要的影响因素。

5.4.1　关系从句中的主宾不对称现象

在关系从句中，主语相对于宾语所具有的加工和习得优势被称为主宾

---

① 本节的文献梳理部分发表于《青岛科技大学学报》（社会科学版）2019 年第 2 期，收录于本书时进行了相应的修改。

不对称（subject-object asymmetry）。爱德华·基南（Edward Keenan）和科姆里通过对世界上多达 50 余种语言进行了类型学研究，发现主语关系从句（subject RC）在语言中最为普遍，与其他关系从句类型相比，主语关系从句最容易习得。从语言类型学的角度看，主语关系从句的标记性要低于其他类型关系从句，因而更容易习得（Keenan & Comrie 1977）。根据基南和科姆里（Keenan & Comrie 1977）提出的"名词短语可及性等级"（Noun Phrase Accessibility Hierarchy, NPAH），主语关系从句最容易习得，其次是直接宾语关系从句（direct object RC）和间接宾语关系从句（indirect object RC），再次是介词宾语关系从句（prepositional object RC）和属格关系从句（genitive RC），最难习得的是比较宾语关系从句（comparative object RC）。关系从句习得中的主宾不对称现象受到了许多研究者的注意，早期的研究大多证实了标记程度对关系从句习得的影响。根据苏珊·加斯（Susan Gass）和乔希·阿尔德（Josh Ard）的研究，介词宾语关系从句是标记程度较高的一种关系从句类型，二语学习者在习得这种关系从句时容易出现代词的重复错误，但这种错误较少出现在标记度较低的关系从句中（Gass & Ard 1984）。在另外一项研究中，被试的母语为芬兰语、西班牙语、波斯语和希腊语，研究发现，被试在习得瑞典语的关系从句时出现了类似的代词重复错误。在被试的口语表达中，主语关系从句中出现的代词重复性错误最少，其次是直接宾语关系从句；比较宾语关系从句和属格关系从句中出现的代词重复性错误最多（Hyltenstam 1984）。

　　主语关系从句的习得优势在上述研究中得到了不同程度的验证，但"名词短语可及性等级"也有一些局限性。首先，虽然该假说比较注重描述语言规律本身，但存在对关系从句习得规律解释过于单一的缺陷；其次，"名词短语可及性等级"主要基于语言类型学的标记概念，但这一概念本身具有一定的模糊性，这使得该假说在实证研究的验证中也存在不易操作的问题。另外，也不能忽视语言中其他因素的影响和作用。在早期的相关研究中，研究者关注的大多为印欧语言的关系从句习得，随着研究范围的不断扩大，该假说对关系从句习得的预测能力受到了质疑。例如，从类型学的角度看，汉语和英语两种语言的关系从句有着不同的特点，汉语关系从句属于左偏置类型，英语关系从句属于右偏置类型，两种语言的关系从句属于完全不同的类型。有研究发现，在汉语关系从句的习得中，二语学习者并没有表现出主语从句的加工优势（张秋杭 2015）。也就是说，关系从句习得中的主宾不对称现象在不同类型的语言习得研究中可能会有完全不同的结论。

　　研究发现，二语加工中出现关系从句主宾不对称现象的原因较为复杂，除了标记程度以外，先行词的生命性取向也是一个需要考虑的影响因素。先行词的生命性取向反映了语义因素在二语关系从句习得中的作用，基于生命性视角对关系从句主宾不对称现象的研究是一个新的视角。例如，在国外开展的一项实验研究中，被试的母语背景分别为英语、汉语和朝鲜语，研究发现：被试在学习日语主语关系从句时，遇到的习得困难与宾语关系从句相差不大；对母语为英语和汉语的学习者来说，先行词的生命性对其习得日语关系从句均产生了影响（Ozeki & Shirai 2007）。如果从生命性的角度分析，可以发现，主语关系从句之所以在语言习得中具有加工优势，可以从主语作为施事所具有的语义功能角度进行解释。也就是说，施事往往由生命性较强的主语充当，是句法加工过程中最容易储存和提取的信息。在国内开展的一些研究中，生命性的作用也在不同程度上得到了验证。根据李金满和王同顺（2007）的研究，母语为汉语的学生在习得英语关系从句时，生命性虽然并不具有主效应，但在某些条件下可以抵消可及性的影响。研究同时发现，当先行词为无生命名词时，主语关系从句的使用频率与宾语关系从句无显著性差异。需要指出的是，当关系从句内的名词短语同时为有生命时，就会与可及性产生相悖的影响，宾语关系从句会表现出较高的使用频率。

　　不过，根据另外一些研究的结果，生命性所起的作用并不明显。例如，在一项实验研究中，母语为日语的英语学习者和英语本族语者都能频繁地在写作任务中使用英语的主语关系从句，没有发现先行词的生命性在其中所起的作用。相对而言，被试在宾语关系从句方面的使用频率并不高，母语为日语的被试几乎不使用英语的宾语关系从句，对英语本族语者来说，宾语关系从句适用于先行词为无生命特征的情况（Okugiri 2012）。

　　从以上的研究可以看出，在关系从句的习得中，主宾不对称现象具有跨语言的差异性，语言的标记性和生命性语义线索所起的作用有待进一步验证。关系从句的习得顺序虽然总体符合"名词短语可及性等级"的预测，但语言类型差异和语义因素的影响使得关系从句的习得比该假说的预测更为复杂（Gass et al. 2013）。

5.4.2 认知理论的解释

关系从句的习得非常复杂，涉及语言发展的认知过程，可以从突现论（emergentism）、连通论（connectionism）等认知理论视角对其加以解读。作为一种认知理论，突现论注重对非线性系统发展规律的观察，根据这一理论，语言的发展是非线性的，语言习得则是一种自然发生的现象。关系从句的复杂性源于其内部更为基本和简单的语言成分之间的相互作用。有研究者从结构距离（structural distance）方面研究了关系从句的习得问题（O'Grady et al. 2003）。结构距离指填充项（filler）与关系从句中空位（gap）之间的依存距离，根据"结构距离假说"（Structural Distance Hypothesis），待整合的成分在句法层级中的距离对关系从句的复杂性起决定作用，句中需要整合的成分之间距离越远，相隔的句法节点越多，句法加工所需付出的努力就越大。例如，英语和朝鲜语属于不同类型的语言，前者为右偏置语言，后者为左偏置语言，但从结构距离的角度来说，两种语言中的主语关系从句更具加工优势，直接宾语关系从句的加工则需付出更多的努力（O'Grady et al. 2003）。在这项研究中，被试包括 53 名母语为英语的朝鲜语学习者的实验组和 9 名朝鲜语本族语者组成的对照组，研究工具为涉及关系从句的图片选择任务。结果显示，实验组被试在习得朝鲜语主语关系从句方面明显优于直接宾语关系从句，其结论符合"结构距离假说"的预测。

"结构距离假说"从新的视角为人们重新审视关系从句的加工过程提供了切入点，研究者对这一假说开展了实证研究加以验证。例如，根据一项研究的发现，双语儿童在学习朝鲜语的关系从句时，在理解宾语关系从句方面遇到的理解难度要大于主语关系从句，这一发现符合"结构距离假说"的预测。不过，研究者同时指出，目的语本身所特有的一些因素也应考虑在内，结构距离并非影响关系从句习得的唯一因素（Lee & Lee 2004）。

此外，研究者也从连通论的角度对关系从句的加工优势进行了探索。连通论是借助模拟人类大脑神经网络特征而发展起来的一种研究范式，其目的在于以更加科学的方法探究和揭示人的认知行为。20 世纪 70 年代，研究者开始基于认知神经网络探究关系从句的习得。例如，有学者结合人类记忆系统的感知能力，依据关系从句的嵌入位置对关系从句理解中的感知难度进行了研究（Kuno 1974）。若关系从句被置于主句的中间位置，句子的理解和分析过程会因人的短时记忆限制而变得困难，因此，这种关系从句就不容易加工和习得；若关系从句被置于句首或句末，由于主句没有被中断，学习者的记忆系统遇到的挑战较小，此时关系从句的使用和习得相对容易。例如：

（35）The cheese [the rat [that the cat chased] ate] was rotten.

（36）The cat chased the rat [that ate the cheese [that was rotten]].

（Kuno 1974：119）

在例（35）中，关系从句位于主句的中间，此类关系从句属于内嵌式；而在例（36）中，关系从句位于句末位置，此类关系从句属于外嵌式。外嵌式关系从句与主句没有分割，对人的短时记忆挑战较小，因而比内嵌式关系从句更易于加工，习得难度也更小。

有研究者针对"感知难度假说"（Perceptual Difficulty Hypothesis）的预测进行了验证。在其中一项研究中，被试为来自 12 种母语背景的英语学习者，涉及法语、汉语、阿拉伯语等。研究结果与"感知难度假说"的预测基本一致，即嵌入宾语位置的关系从句更容易习得，嵌入主语位置的关系从句习得难度较大。此外，研究同时发现，"感知难度假说"与"名词短语可及性等级"在预测关系从句习得难度方面具有互补关系，两种因素的结合能够更加准确地预测关系从句的习得难度（Izumi 2003）。不过，蒋秀玲（2011）以中国英语学习者为被试对这两个假说进行了验证，发现两者的互补性并不十分严格，两个假说所作的预测并不完全准确。

5.4.3　关系从句的挂靠关系

关系从句蕴含着复杂的层级结构，在语境条件下，关系从句与先行词之间的挂靠关系一般不会引起歧义，二语学习者在理解时通常也不会感到困难。不过，某些类型的关系从句在缺乏语境的情况下会产生结构歧义，从而导致句法加工的困难。在英语中，如果关系从句前面存在两个名词短语，关系从句选择哪个名词短语作为其先行词进行挂靠则具有不确定性。对二语学习者来说，如果不能借助句法和语义线索对其进行歧义消解，就会导致理解上的困难。例如：

（37）Someone shot the servant of the actress who was on the balcony.

（Felser et al. 2003：455）

在例（37）中，关系从句 who was on the balcony 既可以挂靠前面的名词短语 the servant，也可以挂靠 the actress，因此该句存在两种不同的意义解读。有研究者基于参数化的加工模型对此进行了解释（Gibson et al. 1996）。根据这项研究，关系从句的挂靠偏向取决于时间接近原则和谓词邻近原则，这两个原则是互为竞争的因素。时间接近原则体现了工作记忆（working memory）的要求，根据这一原则，在不违反语法规则的情况下，关系从句在挂靠先行词时偏向于最近加工过的短语。但根据谓词邻近原则，关系从句在挂靠先行词时偏向于尽可能毗邻谓语动词的名词短语。在不同语序类型的语言中，这两种原则发挥着不同的作用。例如，在西班牙语和法语中，谓语动词和宾语之间允许出现副词，关系从句在挂靠先行词时具有很强的谓词邻近取向；而英语和挪威语不允许副词出现在谓词和宾语之间，在这两种语言中，关系从句的挂靠偏向更多受时间接近原则的影响。为了验证上述假说，研究者从不同的角度对二语关系从句的挂靠关系和歧义消解进行了研究（如 Fernández 2003；Dussias 2003；牛萌萌和吴一安 2007；赵晨 2013；戴运财 2016 等）。

从心理语言学的角度看，关系从句结构的复杂性和挂靠取向的差异对工作记忆容量的作用提出了挑战。就工作记忆与关系从句加工的关系而言，句法预测局域性理论（Syntactic Prediction Locality Theory）认为，学习者需要借助短时记忆存储的最初信息对关系从句进行加工，然后再融入随后出现的信息（Gibson 1998）。另外，追踪句子的句法中心词也需要消耗一定的存储资源，而要在随后出现的词语与其中心词之间建立联系则离不开对资源的整合，整合的难度取决于需要整合的成分之间的距离（戴运财 2011）。可见，对关系从句的加工而言，工作记忆容量是一个需要考虑的重要因素，如果学习者的工作记忆容量不足，将会影响其对存储资源的整合，进而也会影响句子的理解过程。围绕这一问题，研究者开展了大量的验证和探索。例如，根据霍尔格·霍普（Holger Hopp）的研究，与本族语者相比，工作记忆容量较高的二语学习者在分析复杂句法结构方面没有显著差异，工作记忆容量方面的个体差异与被试采用的句法分析策略具有显著的相关性（Hopp 2014）。也有其他学者在研究中得出与此相似的结论（Kim & Christianson 2017）。

从上述研究来看，不仅学习者的工作记忆存储是有限的，句法加工的信息容量也是有限的。因此，若在特定的时间内对复杂的句法结构（如关系从句）进行加工，往往会受到工作记忆容量的制约。不过，也有一些研究者（如 Juffs 2015；易保树和倪传斌 2017）认为，人们对工作记忆在成人二语学习者句法加工中的作用目前仍存在分歧，未来这方面的研究应该从句法层面转移至语篇层面。

5.4.4　句法–语用界面的研究

以往的关系从句研究主要涉及句法–语义界面因素，对关系从句的语用层面并未给予足够的重视。句法和语用是具有互补性的两个语言模块，要揭示关系从句习得的内在规律，不能忽视句法–语用界面的互动关系及其影响和作用。

在关系从句中，名词短语的话题性是一个影响句法加工的因素。根据"话题性假说"（Topichood Hypothesis），往往由最具有话题性的成分充当关系从句的主语。一般情况下，从句的先行词充当从句的主语，这是因为先行词具有关系从句的话题功能。但是，若关系从句中的名词短语具有了话题功能，先行词就不再拥有充当从句主语的优势（Mak et al. 2006）。后来的一项研究采用实验方法对"话题性假说"的预测进行了验证，证实了话题性因素在第一语言关系从句加工中的作用(Mak et al. 2008）。这项研究发现，如果宾语关系从句中名词短语的所指为语篇话题，该宾语关系从句的加工难度则会下降(Mak et al. 2008）。请看下面的例子：

（38）The car that she borrowed had a low tire.

（Mak et al. 2008：172）

在例（38）中，关系代词 that 的先行词 the car 为关系从句的话题，而该宾语关系从句中名词短语（即人称代词 she）的所指充当语篇话题，这种类型的宾语关系从句的加工难度就会下降。

由此可见，关系从句的加工难度受多种因素的制约，涉及关系从句的标记性、关系代词的生命性和话题性等。对二语学习者而言，上述因素也会在不同程度上发挥作用，影响学习者对关系从句的习得。目前国内对关系从句习得的研究多集中于标记性和生命性方面，对话题性的研究比较鲜见，下面将对此加以深入探究。

5.4.5 研究设计

本研究着重回答以下三个问题：二语学习者加工不同话题类型的关系从句时有着怎样的特点？关系从句的话题类型与生命性在加工过程中是否存在交互效应？学习者语言水平对加工上述关系从句有着怎样的影响？

本实验是一个由 2（被试英语水平）×2（话题类型）×2（生命性）组成的三因素混合方差设计。代表高、低英语水平的被试分别是 30 名英语专业三年级学生和 30 名英语专业一年级新生。话题类型分为语篇话题和句子话题两个层次。话题类型和生命性都是组内变量。因变量是判断的正确率和反应时。被试在判断阶段的任务是对屏幕上所呈现的问题给出是或否的判断。

本实验的实验材料包括四种句子，实验句设计如下所示。

无生命+语篇话题：The accident that he witnessed got the fans' attention.

无生命+句子话题：The accident that terrified the musician got the fans' attention.

有生命+语篇话题：The musician that he loved got the fans' attention.

有生命+句子话题：The singer that loved the musician got the fans' attention.

我们首先就这些句子的合理性进行了检验。随机选取英语专业大一和大三学生各 5 名进行先行实验。再根据他们的建议，对句子的用词和呈现时间的长短进行调整，以更好地适应学生的语言水平。参加先行实验的 10 名学生不再参加正式实验。正式进入实验之前，为被试提供了练习环节，以便其熟悉实验要求和操作。

实验采用 E-Prime 2.0 软件进行，实验程序分为句子输入和问题判断两个环节，两个环节交替进行，即呈现一个句子后，屏幕会呈现一个和句子相关的问题，被试需要对问题做出是或否的判断。在句子输入阶段，呈现给被试的是 50 个句子，包括 40 个实验句和 10 个与实验句毫不相干的干扰句。40 个实验句包括 10 个无生命+语篇话题类型的句子、10 个无生命+句子话题类型的句子、10 个有生命+语篇话题类型的句子和 10 个有生命+句子话题类型的句子（参见附录 6）。这些实验句和干扰句以随机的顺序逐个呈现在屏幕上，屏幕停留时间为 3500 毫秒，之后屏幕上出现一个与此句相关的是非判断的问题（如：Did the director receive a prize?）。被试按 F 键（NO）或 J 键（YES）做出判断后进入下一个句子。电脑自动记录被试的正确率和反应时。

5.4.6　研究结果

表 5.6 呈现的是总体的描述性统计结果。

表 5.6　正确率、反应时的描述性数据

因变量	语言水平	话题类型		生命性	
		语篇话题	句子话题	有生命	无生命
正确率/%	高	82.54	85.33	87.52	80.36
	低	60.08	59.21	60.23	58.82
反应时/毫秒	高	3823.43	2865.37	3189.49	3499.42
	低	3689.53	3722.26	3629.46	3782.17

　　我们首先对被试在问题判断阶段的正确率进行 2（被试英语水平）×2（话题类型）×2（生命性）的三因素混合设计方差分析。被试内因素 F 检验结果显示，话题因素有显著主效应（$F_{(1, 58)}=9.07$，$p=0.00$），而生命性因素没有主效应；被试间因素 F 检验结果显示，语言水平因素有显著主效应（$F_{(1, 58)}=74.75$，$p=0.00$）。这说明，如果不考虑其他因素，话题类型和语言水平对判断结果起着显著作用。就话题类型而言，高水平组句子话题正确率高于语篇话题正确率，同时，高水平组正确率显著高于低水平组。另外，除了生命性与语言水平没有显著交互作用外，话题和语言水平有显著二重交互作用（$F_{(1, 58)}=4.27$，$p=0.04$），生命性和话题有边缘二重交互作用（$F_{(1, 58)}=3.35$，$p=0.07$），生命性、话题和语言水平有边缘三重交互作用（$F_{(1, 58)}=3.35$，$p=0.07$）。这种情况说明，实验中每两个变量之间的作用并非独立存在，其中一个因素的作用可能依赖于另一个因素，并随着后者的变化而发生相应的变化。

　　其次，我们对反应时进行了同样的 2（被试英语水平）×2（话题类型）×2（生命性）的三因素混合设计方差分析。被试内因素 F 检验结果显示，生命性因素有显著主效应（$F_{(1, 58)}=16.63$，$p=0.00$），话题因素有显著主效应（$F_{(1, 58)}=7.48$，$p=0.01$）；被试间因素 F 检验结果显示，语言水平因素无显著主效应。这说明，如果不考虑其他因素，生命性因素和话题因素对判断的反应时有显著作用：有生命句子的反应时显著低于无生命句子，高水平组句子话题的反应时显著低于语篇话题反应时。另外，生命性和语言水平有显著二重交互作用（$F_{(1, 58)}=19.05$，$p=0.00$），但话题和语言水平无显著二重交互作用。

综上所述，从正确率来看，话题和语言水平因素有显著主效应，话题和语言水平有显著交互作用，话题和生命性有边缘交互作用，话题、生命性和语言水平有边缘交互作用。从反应时来看，话题和生命性有显著主效应，生命性和语言水平有显著交互作用。

5.4.7　讨论

5.4.7.1　话题类型的作用

就话题类型对关系从句习得的影响而言，根据"话题性假说"，主语关系从句的加工优势在某些条件下会发生变化。如果宾语关系从句中的名词短语所指为语篇话题，那么宾语关系从句的加工难度就会下降，相对而言，主语关系从句就不再具有加工优势（Mak et al. 2008）。从本研究的结果来看，并没有发现支持这一结论的证据。由被试内因素 F 检验可知，语篇和句子两种话题类型在正确率和反应时上均有显著主效应，句子话题正确率（均值=72.27%）＞语篇话题正确率（均值=71.31%），语篇话题反应时（均值=3756.48 毫秒）＞句子话题反应时（均值=3293.82 毫秒）。被试在对句子话题进行判断时，所需时间更短，正确率更高。这说明，相对语篇话题，句子话题更易于加工。从数据的分析可以看出，蕴含句子话题的主语关系从句仍然具有加工优势，学习者习得宾语关系从句的难度依然大于主语关系从句，宾语从句蕴含的语用信息并未影响关系从句的习得难度。本研究的发现与先前的一项研究（Bentea & Durrleman 2019）结果较为一致，宾语关系从句即使在蕴含语篇话题的情况下，相对于主语关系从句而言仍具有较大的加工难度。这从一个侧面说明，语用信息在关系从句加工中的作用并不明显，这种情况与二语加工和母语加工的情况类似。

另外，研究结果表明，在正确率方面，话题类型有主效应，但由于生命性、话题和语言水平存在边缘三重交互作用，说明某个因素如何起作用受其他两个因素的影响。因此，我们进一步做话题在生命性与语言水平各水平交互条件下的简单效应检验。结果表明，话题因素仅在高水平+无生命条件下有显著效应（$F(1, 58)=6.81$，$p=0.01$），句子话题+高水平+无生命正确率（均值=84.33%）> 语篇话题+高水平+无生命正确率（均值=76.33%）。

5.4.7.2 生命性的作用

就生命性因素对关系从句的习得而言，本研究发现，在正确率方面，生命性因素没有显著主效应（$F(1, 58)=0.28$，$p>0.05$），但在反应时方面，生命性因素有显著主效应（$F(1, 58)=16.63$，$p<0.01$），无生命反应时（均值=3640.80毫秒）> 有生命反应时（均值=3409.48毫秒）。不过，我们也注意到，虽然在正确率上生命性因素无显著主效应，但被试的正确率依然有差别，有生命正确率（均值=73.88%）> 无生命正确率（均值=69.59%）。由此可见，有生命名词为主语的加工更为容易，体现为被试在显著缩短的反应时内有更高的判断正确率。这说明，总体而言，生命性对关系从句的习得具有一定的影响，语义因素在关系从句习得中的作用不可忽视，这与文献中已有的发现较为一致。但本研究的发现也表明，生命性的主效应仅表现在反应时方面，说明关系从句中的生命性名词短语更能引起被试的注意，从而在判断任务中引发更快的反应。由于生命性因素在正确率方面的主效应并不显著，生命性所起的作用也不应过高估计。

此外，因生命性和语言水平在反应时方面交互作用显著，进一步简单效应检验显示：生命性因素在句子话题和低水平组交互条件下效应显著（$p=0.03$），低水平组中，有生命+句子话题的反应时（3535.97毫秒）显著低于无生命+句子话题反应时（3908.06毫秒）；生命性因素在句子话题和高水平组交互条件下有边缘交互效应（$p=0.06$），高水平组中，有生命+句子话题的反应时（2710.38毫秒）显著低于无生命+句子话题反应时（3020.49毫秒）。

5.4.7.3 语言水平的作用

本书考察的另一个因素就是学习者的目的语水平的影响。从数据分析来看，不考虑其他因素的作用，被试的两个语言水平在正确率上的排序为高水平组（均值=83.94%）＞低水平组（均值=59.59%）；在反应时上的排序为低水平组（均值=3705.86 毫秒）＞高水平组（均值=3344.43 毫秒）。由此可见，总体而言，被试的语言水平越高，判断的正确率越高，反应时越短。这说明，语言水平对被试在关系从句加工中发挥着重要作用。同时，研究发现，在正确率方面，语言水平因素有显著主效应，且生命性、话题和语言水平存在边缘三重交互作用，说明语言水平的效应受其他两个因素交互效应的影响。因此，我们进行了语言水平在话题和生命性各水平交互条件下的简单效应检验。结果显示：语言水平因素在话题类型和生命性各水平交互条件下的效应均显著（$p<0.05$）。也就是说，从正确率上看，无论是哪种组合，高水平被试正确率显著高于低水平被试。但在反应时上，语言水平因素并没有显著效应。

关系从句习得中的主宾不对称现象受多种因素的制约，本书着眼于生命性和话题性，并结合学习者的目的语水平，试图揭示关系从句习得过程中不同因素之间的交互作用。研究表明，从被试的正确率来看，生命性、话题性和语言水平有边缘三重交互作用；话题类型有显著主效应，主语关系从句仍有习得优势；生命性因素没有显著主效应，但生命性对关系从句的加工仍有一定影响。另外，语言水平因素有显著主效应，随着目的语水平的提高，被试的判断率也随之提高。从研究的结果来看，关系从句习得中的主宾不对称现象并未因语义或语用的界面因素而发生改变，说明关系从句的习得更多受其他因素的制约，这些因素可能涉及关系从句的内部结构与输入频率等，需要在今后的研究中进一步加以探究。

5.5　本章小结

本章围绕存现句、前置结构、倒装句和关系从句的习得讨论了句法操作的语用制约。从存现句的习得情况看，句法-语用界面对中高级水平的二语学习者来说并非难以习得，这与"界面假说"的预测不完全一致。在前置结构的习得中，研究发现，被试对名词短语和形容词短语前置的接受程度高于动词短语的前置，说明被试对动词短语前置的语境信息敏感度最低。对倒装句的习得研究发现，二语学习者在产出性任务中整合语言界面信息的能力较弱，未能有效利用语篇中的信息线索。另外，本章在关系从句的研究中发现，在不同的生命性取向和话题类型中，主语关系从句的加工优势较为稳定，语用因素对关系从句加工的影响并不明显，高水平被试在可接受性判断中的表现优于低水平被试。

第6章

二语句法能力发展的维度

二语学习者的句法操作受多个语言界面因素的制约，呈现出不同的变异特征。随着学习者目的语知识的不断积累和内化，其句法能力也会在准确性、复杂性、流利性等维度得到不同程度的发展。

6.1 句法准确性

句法准确性是评价学习者语言能力的一个重要维度，近年来对二语句法准确性的研究进一步深化了人们对语言习得过程的认识，为提高学习者的语言输出质量提供了理论和方法方面的指导。从衡量的标准看，研究者一般认为句法准确性指的是学习者使用无错从句数的比率，即正确从句数与从句总数之比（邢加新 2014）。例如，罗德·埃利斯（Rod Ellis）和加里·巴尔克赫伊曾（Gary Barkhuizen）认为准确性指的是无错从句数比率或每百词错误数（Ellis & Barkhuizen 2005）；刘春燕（2009）认为句法准确性的标准可以包括平均 T 单位（即限定性分句及其从句）中的错误比率，无错误从句与全部从句之比，以及自我纠错数等。

在口语准确性方面，国内外学者从不同的角度开展了实证研究。例如，吴洁和刘春燕（2013）采用跟踪研究的方法分析了英语专业学生口语准确性的发展情况。研究采用了衡量准确性的两个指标：无错误 T 单位与全部 T 单位之比，以及无错误子句与全部子句之比。研究工具为在托福、雅思和英语专四口语测试试题基础上自行编制的 12 套口语试题。研究的被试为

9 名英语专业大一学生，研究历时近两年。结果表明，通过近两年的英语学习，这 9 名英语专业学生的英语口语的准确性都有所提高，言语中的错误不断减少。有学者采用个案分析的方法研究了任务类型对二语学习者口语表现的影响。研究采用的句法准确性标准为无错误子句的百分率，被试为一名母语为意大利语的英语学习者。结果发现，被试在自由谈话任务中的句法准确性（11%）略低于在电影重述任务中的准确性（11.7%）。研究者认为，被试较低的词汇和语法能力制约了其句法准确性的提高（Khaerudin 2014）。

近年来国内研究者对以汉语为二语的学习者口语表达进行了研究。例如，周洁（2016）通过纵向跟踪的方法研究了一名韩国留学生习得汉语口语的发展规律。结果显示，被试口语的句法准确性没有出现明显的进步或退步，而是在平稳与波动之间交替发展。最典型的偏误类型是句法成分的缺失，在学习汉语大约 12 个月时被试的句法准确性开始发生质的变化并由此进入稳定状态。研究同时发现，被试的平均句子长度没有随着学习时间的增加而大幅增长，全部 T 单位的平均句子长度普遍大于正确 T 单位的平均句子长度，但两者的差距不大。廖小玉（2021）采用看图说话任务对泰国中学生的汉语口语句法准确性进行了研究。被试共 30 名，根据其汉语水平分为高、低两个水平组。研究对被试在看图说话任务中的语料进行了分析，结果表明，高、低两个水平组在句法准确性方面存在显著差异，学习者汉语水平越高，其句法的准确性也越高，两者呈正相关。

研究者在二语书面语的句法准确性方面也进行了大量的探究。例如，周丹丹和范昆盟（2018）研究了频次对二语学习者语块使用准确性的影响。被试为 52 名母语为汉语的二年级在校大学生，分为高、低两个水平组。在完成阅读任务后，被试按要求完成一篇英语书面作文。结果显示，频次对不同水平学习者的语块使用准确性有不同影响，低水平学习者的语块使用准确性增长显著，而高水平学习者的增长并不显著。此外，不同类型的语块，如语篇、人际关系和话题内容语块使用准确性皆呈递增趋势，其中话题内容语块进步最为显著。

安福勇（2015）基于 T 单位测量法研究了二语学习者汉语作文的语言

准确性问题。研究的语料来源为 HSK（中国汉语水平考试）动态作文语料库。结果发现，二语学习者的语言准确性并非与作文水平呈线性正相关，学习者的句法准确性随作文水平逐步提高，而字、词层面的错误却一直保持较高的发生率。有学者研究了二语学习者汉语写作中的句法和词汇准确性问题。被试为 67 名母语为英语的成人汉语学习者，根据其汉语水平分为高、中、低三个水平组，研究的语料来自被试所完成的 67 篇书面作文。结果显示，被试的句法准确性从低分组到高分组呈现出相对线性发展的趋势，而词汇准确性则呈 V 型发展的趋势；中级组被试的句法准确性出现了倒退，而高级组的句法准确性则出现了反弹（Liao 2020）。

此外，也有一些研究者对二语学术写作中的句法准确性进行了研究。例如马蓉采用语料方法研究了国内英语专业硕士研究生学位论文结论部分的语言表达，旨在探究程式语的使用频率对学术写作准确性、复杂性和流利性的影响。结果显示，二语学习者在学术写作中倾向于在单篇文本中多次重复使用特定的程式语，程式语对学术写作中的准确性有一定的影响，高频组学习者的程式语与准确性之间的相关性最高。研究表明，准确性、复杂性、流利性之间的竞争在一定程度上受到程式语频率个体差异的影响，低频组写作者准确性、复杂性和流利性之间的竞争效应大于高频组写作者（Ma 2020）。

影响二语学习者句法准确性的因素比较复杂，如学习者因素、教师因素、语言输入因素和资源竞争因素等。从学习者因素来说，二语句法的准确性与学习者的目的语水平有着密切的关系。学习者的目的语水平涉及词汇知识、语法知识、语用知识等不同的方面，学习者日渐积累的目的语知识对其句法准确性的提高具有促进作用。从教师的角度来说，对学生语言表达的反馈形式对二语学习者的句法准确性产生一定的影响。有研究表明，修正介导反馈（revision-mediated feedback）和注意介导反馈（attention-mediated feedback）对二语学习者书面写作句法准确性的效果要好于只接受反馈的情况（Soltanpour & Valizadeh 2018）。就语言输入因素而言，语块的使用会对句法的准确性产生积极影响，对低水平的学习者来说，语块的作用更加明显。语块的使用有利于学习者加快对语言的处理速度，从而为提高句法的准确性赢得了更多的加工时间。此外，教师的反馈形式也会影响学习者的句法准确性。例如，侯建东（2018）对教师反馈的效果进行了研究，被试为90名非英语专业大学生，分为代码反馈组、元语言解释组及对照组。通过分析被试英语时态和粘连句（run-on sentence）的使用情况，研究发现，相对于直接反馈，"错误代码及元语言解释的反馈效果更好且更持久；错误代码及元语言解释的反馈效果相近，但元语言解释能更快达到反馈效果；两种元语言反馈在时态及粘连句的反馈效果上相近"（侯建东 2018：57）。从资源竞争的角度来说，有研究者（Skehan 1998，2003）认为，二语学习者的注意力资源是有限的，学习者会根据需要将语言产出过程中有限的注意力分配到不同的方面，从而导致准确性、复杂性和流利性之间形成注意力的竞争。如果讲话者将注意力分配到语言产出的某个维度，其他维度就会受到负面的影响，注意力的这种竞争态势在语言产出的准确性和复杂性之间更为明显。

6.2　句法复杂性

句法复杂性是二语学习者句法能力的一个重要维度，如何对这一维度进行衡量是研究者关注的一个问题。根据卢尔德·奥特加（Lourdes Ortega）的观点，句法复杂度指的是语言产出中句法形式的变化范围与形式复杂化的程度（Ortega 2003）。此外，有研究者进而指出，句法复杂性至少可以从整体复杂性、短语复杂性、主从复杂性三个方面进行衡量，其中整体复杂性通常采用句子单位的长度作为衡量指标（Norris & Ortega 2009）。在句法复杂性研究的早期，研究者大多采用 T 单位平均长度（Mean Length of T-Units，MLTU）、句子平均长度（Mean Length of Sentences，MLS）、子句平均长度（Mean Length of Clauses，MLC）等指标，随着自动分析工具的出现，越来越多的指标开始被用于实证研究（陈颖和宋迁 2021）。

在口语复杂性方面，克雷格·兰伯特（Craig Lambert）和中村幸子（Sachiko Nakamura）以母语为日语的英语学习者为被试，研究了句法复杂性与二语水平发展之间的关系。研究考察了 4 种从句组合策略与词汇选择和补偿策略的关系，以了解从句和词组层次的句法复杂性在不同被试组之间产生差异的过程和原因。研究表明，所考察的 4 种从句组合策略因目的语水平的不同而产生系统差异，研究同时揭示了二语名词词组复杂性通过词汇补偿实现调节的方式，研究结果对二语学习者的句法复杂性编码具有重要意义（Lambert & Nakamura 2019）。在徐鹏（2019）的研究中，被试为 100 名英语专业大学生，分为低年级组和高年级组。研究者使用组图分别诱导采集记叙和议论两种口语语料，句法复杂性的衡量指标包括从属结构比率、单位结构长度、并列短语和名词性结构四个维度。结果显示，"除了代表从属结构比率维度的 C/T 指标在年级水平上具有稳定性以外，其他三个维度上的指标均受到年级和文体共同影响。三个维度上句式复杂性与年级水平正相关，且具有较强的文体区分性。口语议论性文体复杂性普遍高于记叙文"（徐鹏 2019：22）。

刘黎岗和明建平（2020）基于不同母语背景的英语学习者语料库研究了二语口语句法复杂性的特点，研究使用的测量指标是二语句法复杂度分析器，从句子长度、句式结构和短语结构三个维度中的 6 项指标对句法复杂度进行测量。研究结果发现，中国英语学习者较多使用动词和以动词为中心的分句。这一特征与英汉不同的概念化方式有关：汉语以动词为主，而英语以名词、介词为主，名物化思维突出。

也有学者用定量与定性相结合的方法研究了伊朗学习者英语口语和书面语句法复杂性问题。被试为 45 名伊朗大学生，根据剑桥分级测试结果分为初级、中级和高级组，每组 15 人。被试就某个主题写一篇 200 字的短文，在研究的后续阶段，被试接受了与其所写短文主题相同的访谈，以考察被试口语表达中使用的 C 单位。研究结果表明，宏观层面上口语和写作中使用最频繁的成分是从句；在微观层面上，初级组与高级组之间在口语任务中使用从句方面存在显著差异，初级组与另外两个组之间在写作技能方面存在显著差异（Yazdani 2018）。

张建华和张军（张建华和 Zhang 2021）采用动态系统理论的研究方法，以两名非英语专业大学生为研究对象，对其书面语句法复杂性发展变化进行了历时一年的研究。研究者收集了被试两个学期的英语议论文各 32 篇作为分析的语料，选择了四个量化指标衡量句法的复杂度：整句长度、从属小句比率、并列短语比率和复杂名词短语比率。结果表明，学习者句法复杂性的发展路径显现出四种不同类型：传统型、V 型、钟型与混合型。就句法复杂性各维度之间的交互关系而言，竞争与支持交替并存，并呈现出动态波动，这一发现证实各维度关联生长点存在动态性和变异性。

魏冉（2016）采用相关分析和回归分析的方法研究了书面语语用表达的句法复杂性与其语用能力之间的关系。研究的被试为 39 名非英语专业大学生，语料来源为被试根据特定情境在课堂即席完成的英文请求信。句法复杂性的标准为 W/T（每个 T 单位的单词量）、W/C（每个子句的单词量）、C/T（每个 T 单位中包括的子句数量）和 DC/C（每个子句中包含的从属句数量）。"研究结果表明：学习者的书面语语用表达的句法复杂性与其语用能力呈现显著但尚不够强的正相关；句法复杂性的 4 项测量指标均对语用能力具有显著预测力，但预测力存在差异，其中 T 单位长度的预测力最高，从属句比率次之，再次是 T 单位复杂性比率，子句长度对语用能力的预测力最低。"（魏冉 2016：8）

此外，也有国内学者对学术语篇的句法复杂性进行了研究。例如，吴雪（2017）研究了国际期刊论文的句法复杂度，研究采用的句法复杂度指标包括 5 个方面：语言产出长度、从属结构、并列结构、短语复杂度、句子整体句法复杂度。研究结果发现，与文科专业期刊论文相比，理工科专业期刊论文不仅句子整体复杂度较低，而且论文语言产出长度在平均句子长度和平均 T 单位长度两方面也显著低于文科期刊论文；理工科期刊论文中的从属结构和动词结构数量均少于文科期刊论文。另外，研究发现，不同学科期刊论文的句法复杂度主要通过句子以下层面句法嵌套影响文本可读性。

宋瑞梅和汪火焰（2019）对国内博士学位论文英文摘要的句法复杂度进行了研究，涉及的专业包括教育技术专业与语言学专业，并以美国博士学位论文摘要为参照。研究采用了 7 项指标衡量句法复杂度：MLC（平均子句长度）、MLS（平均句子长度）、MLT（平均 T 单位长度）、DC/C（从属子句比例）、CP/C（每个子句中的并列短语数量）、T/S（并列句比例）、CN/C（每个子句中的复杂名词性短语数量）。结果显示，在平均子句长度和并列句比例方面，中国博士学位论文显著高于美国博士学位论文，但前者的从属子句比例显著低于后者，学科差异程度不大。就每子句中的复杂名词性短语数量而言，国别和学科之间存在交互效应。

句法复杂性是二语习得研究的一个颇受关注的话题，影响句法复杂性的因素与多方面的变量有关，如目的语水平、任务类型、任务条件以及任务难度等，但研究者对上述因素对句法复杂性的影响并未取得一致看法。导致研究结果不一致的原因较为复杂，其中一个可能的原因就是研究者采用的句法复杂度衡量指标存在差异。从已有的研究来看，研究者采用的句法复杂度指标并不完全一致，既存在指标数量上的差异，也存在指标内涵方面的差异。此外，现有的一些句法复杂度衡量指标存在冗余问题（Biber et al. 2020；Norris & Ortega 2009），这也是一个不容忽视的问题。

另外，二语学习者为了避免出现语言错误而尽可能使用简单的句子，所采取的这种回避策略容易导致句法复杂度的降低。根据"派生复杂性假说"（Derivational Complexity Hypothesis），语言产出过程中句法操作程序比较复杂的结构受句法制约条件的影响，会导致二语学习者采取回避策略，从而导致其使用更为简单的句法结构（Jakubowicz & Strik 2008）。有后来开展的实证研究结果支持这一假说（Turrero-García 2017）。在较早的研究中，人们注意到了回避现象对句法复杂性的作用。例如，二语学习者在使用英语的关系从句时如果遇到较多的困难，往往会回避这种复杂的句子，转而选择使用一些简单句。杰奎琳·沙赫特（Jacquelyn Schachter）曾对来自波斯语、阿拉伯语、日语和汉语不同母语背景英语学习者的关系从句习得进行了研究，通过分析每组被试的 50 篇作文发现，母语为日语和汉语的学生所犯的关系从句错误极少（分别为 5 个和 9 个），而母语为波斯语和阿拉伯语的学习者所犯的关系从句错误则明显要多（分别为 43 个和 31 个）。从表面看，似乎日本学生和中国学生较好地掌握了英语的关系从句，实际上，这两组被试总体使用的关系从句数量要少得多，学习者实际上在回避使用这一较复杂的句法形式（Schachter 1974）。

6.3 句法流利性

流利性是评价二语产出的另一个重要维度，包括口语流利性和写作流利性两个方面。理查德·莱松（Richard Lesson）将口语流利性定义为"说话人在接触所说语言的有限材料的基础上即可说出无限多个符合该语言音位、句法和语义的句子的能力"（Lesson 1975；见翟艳 2011：79）。衡量口语流利性的指标一般包括语速、发声时间比、平均语流长、停顿时长等。近年来国内外研究者从不同的角度对二语口语流利性进行了研究，这对认识二语产出中的句法操作过程具有启示意义。

原萍和郭粉绒（2010）以中国英语学习者为对象，对语块与二语口语流利性的相关性进行了研究。被试为 12 名国内英语专业大二学生，研究者在一年中分两个不同阶段采集了被试的口语语料，分析其在两次口语产出中的流利性指标、语块运用能力变化以及语块与口语流利性之间的关系。结果显示：被试在口语流利性 8 项指标中的 4 项上有了显著提高，在使用语块的数量、频率方面也有显著提高；语块数量和语速、发声时间比、平均语流长、平均停顿长及语言准确性都显现出较强的相关性，语块使用频率和剔除音节数与总音节数之比呈较强的负相关。总体来说，语块数量、语块运用频率与二语口语流利性之间存在着相关性，二语学习者使用的语块越多、频率越高，口语表达越流利。

有学者以来自伊斯坦布尔的英语学习者为对象研究了语块教学对二语口语流利性的影响。被试为参加学术英语课程学习的 30 名不同专业的大学一年级学生，实验组和对照组各 15 名。在为期 5 周的实验中，实验组学习了 80 个在学术口语语料库中使用频率较高的语块，对照组则只学习单一的学术词汇，研究者采用了 7 种指标衡量口语流利性。结果显示，两组被试在速度流利性（speed fluency）方面均取得了进步，实验组在整体流利性方面优于对照组，教学干预的效果在延后的续测（delayed posttest）中得到显现。研究同时发现，实验组在接受语块教学后流利性得到显著提高，不过语句流利性方面的进步与其在后测和延后续测中使用语块的频率之间相关性不强（Nergis 2021）。

　　另外，也有一些研究者从工作记忆和焦虑的角度研究了口语流利性问题。例如，巫淑华（2009）研究了工作记忆容量对中国英语学习者口语流利程度的影响。该研究的被试为 21 名英语专业大学生，研究采用了 5 个衡量流利性的指标：语速、发声时间比、平均语流长、每百音节更改次数、停顿次数。结果发现，工作记忆容量大的说话者的流利程度明显高于容量小的说话者，当记忆资源有限时说话者倾向于采用修正和停顿作为协调信息加工和存储的策略。

　　戴英梅（2020）研究了工作记忆与口语焦虑对高中生英语口语流利性的影响。共有 38 名被试参加了该项研究，研究工具包括三种测试任务：口语产出任务、讲话时长测试、二语口语焦虑量表。口语产出任务要求被试对图片进行描述，从而生成约 2 分钟的口语叙事语料；讲话时长测试要求被试朗读电脑屏幕呈现的一串单词，然后用这些单词造句；二语口语焦虑量表包括课内焦虑和课外焦虑两个方面，根据利克特等级量表测量被试的焦虑水平。研究结果表明，工作记忆对语速、发声时间比、平均语流长度、平均停顿长度及所述必要事件与全部必要事件之比均有显著解释力，口语焦虑对上述流利性指标均具有显著影响，工作记忆与口语焦虑对高中生英语口语流利性的影响具有交叉作用。

　　随着流利性研究的不断深入，研究者开始关注二语写作流利性问题。与口语流利性相比，一方面写作流利性的定义较为模糊，另一方面写作流利性的衡量指标更为繁杂。例如，有研究者从文本视角对写作流利性进行定义，将其理解为文章长度、写作速度及写作质量（Hester 2001）；也有研究者从过程视角对写作流利性进行定义，将其理解为产出语句的轻松自如程度（Faigley 1980），或无意识的自动程序技能（Schmidt 1992）。实际上，写作流利性是一个非常复杂的概念，作为一种认知表征，写作流利性既表现为写作行为的速度和自如度，即快速轻松产出书面语，也受个体认知差异和各种外在因素的影响（马蓉和秦晓晴 2013）。衡量指标方面，根据学者的分类，写作流利性可从成品指标和过程指标两个角度进行分析（Latif 2009）。成品指标主要由频数测量、比率测量和总体量表测量组成，过程指标主要包括语段长度、语块和处理负荷等指标。

何文芳（2019）以 8 名初中英语学习者为对象，研究了书面写作中的流利性问题。研究的语料来自被试的 64 篇书面作文，流利性的衡量指标包括文章总词数、T 单位长度和子句长度。研究结果显示，流利性的三个指标在一年内均有显著提高，发展轨迹是波浪式向上发展的，文章总词数的向上发展幅度偏大。

陈艳君（2016）从动态系统理论视角对二语写作流利性的发展趋势进行了研究。被试为 6 名非英语专业大一新生，研究者对其进行了为期一个学年的写作任务跟踪。结果发现，"学习者的写作流利性发展呈现出差异性变化。这种差异变化受到写作任务和写作频率等控制因素的制约；同时，学习者的写作方式以及写作反馈等初始因素也会对写作体验和写作动机产生'蝴蝶效应'般的影响，从而促成写作流利性的发展呈现动态性和个体差异性"（陈艳君 2016：49）。

从已有的文献来看，口语流利性受到了研究者更多的关注，写作流利性尚有许多方面需要进一步研究。总体来说，语言的流利性与句法的操作过程密切相关。以语块在口语流利性中的作用为例，学习者在口语表达中熟练使用语块有利于提高句法操作的速度，在衡量口语流利性的主要指标（如语速、平均语流长等）方面取得优势。语块作为形式、意义和功能的复合体，在大脑中作为一个整体储存和被提取，可以减轻语言加工负担，提高语言输出的流利性和地道性。语块的这一作用在写作流利性研究中也得到了验证。根据学者的研究，二语学习者在接受了语块的教学后，实验组在写作中的表现显著优于控制组，说明语块作为一种语言学习策略在二语写作流利性方面能够发挥更好的作用（Al-Khazaali 2019）。正如马蓉和秦晓晴（2013）所指出的那样，流利性是一种对范例和语块的记忆提取的语言控制能力，语块的积累有助于节省语言处理的时间，加快语言信息的提取和使用流利度。这对二语教学的启示是，句法能力的发展是在范例和语块习得基础上不断提高流利性的结果，因此需要不断加强范例和语块的教学，同时对学生进行针对性的记忆训练，提高其提取和使用范例和语块的速度。从另一个方面来说，流利性的提高为学生注意资源的再分配创造了条件，因而也有助于提高其在句法操作中表达的准确性和复杂性。

6.4　本章小结

准确性、复杂性和流利性是二语学习者句法能力的重要维度，三者之间的互动共同推动着学习者语言能力的提高。句法准确性反映了学习者减少语言错误、突破语言瓶颈的发展路径，而减少句法操作的失误单靠学习者的句法知识是不够的，学习者还需要进一步完善形态-句法界面、句法-语义界面的知识，这有助于学习者加强句法操作的薄弱环节，提高语言表达的质量。从对句法复杂性的研究来看，教师对句法多样性的重视程度还远远不够。如果教学中过于追求语言的准确性而忽略语言的复杂度，学生则会拘泥于课堂上学到的有限的句子形式，句式缺少必要的灵活性和多样性。句法的变异和多样性离不开句法-语用界面知识的运用，这就要求学习者在掌握句法规则的同时，借助语境中的语用信息选择多样化的句式提高语言表达的连贯性。在流利性的研究中，口语流利性受到了更多的重视。在影响口语流利性的因素中，语块、目的语水平、焦虑等语言和非语言因素都会发挥一定的作用。相对而言，写作流利性研究还需要进一步加强。

第7章

二语句法的教学启示

本研究借助多种研究方法进行定性和定量分析，能够更加全面地揭示第二语言句法的界面特征。相关成果不仅可以成为教学大纲设计和教材编写的依据之一，而且有助于提高句法和语篇教学的科学性，使其更加符合学习者的心理语言发展水平，以提高外语教学的效率和效益。

7.1 大 纲 设 计

教学大纲是教学中具有指导意义的纲领性文件，涉及教学目的和目标、任务，教学内容的范围、深度和结构，教学进度，以及教学法上的基本要求等。在第二语言教学中，大纲设计的理念经历了从结构大纲到交际大纲再到任务大纲的转变。在结构大纲设计理念中，句型结构的操练在教学方面具有重要的意义。这种设计理念更重视的是语言的准确程度，而不是语言的流利程度。因此，结构大纲的句型操练忽视了语言界面之间的互动，并未考量句法习得的韵律、语义和语用因素。学习者的知识学习存在碎片化现象，在语言使用过程中，学习者只是简单地把所学知识积累起来，然后再将这些互不相关的知识碎片重新组合成句。从语言界面的视角来看，二语句法的发展和变异既有韵律和语义方面的动因，也受语用条件的制约。传统的结构大纲只注重语言形式的准确性，无法合理解释句法构式基于语言界面的互动所表现出的变异性。例如，在结构大纲中，关系从句的教学仅仅从语言结构的角度区分了限制性和非限制性关系从句，教学的重点则在关系代词的使用上，但对关系从句涉及的语用和语义信息则几乎没有提及。研究表明，中国学生在关系从句的使用方面存在较多的回避现象。这说明，孤立的结构分析并不能有效促进学习者对复杂句法结构的习得。

交际大纲在设计理念上不再局限于语言的结构本身，而是强调语言的意念和功能。基于交际大纲的句法教学将句法置于具体的情景之中，让学生在语言的使用中培养交际能力。不过，交际教学法也存在一些不足之处。在缺乏真实语境的情况下，交际大纲所推崇的教学目标往往难以实现，学习者未必真正掌握目的语的交际功能。另外，交际大纲过于重视语言的交际功能，对语言形式的教学缺乏足够的注意，不利于学习者句法准确性的提高。因此，从交际大纲的实践来看，句法的教学仅仅关注语言的交际功能是远远不够的。约翰·杜波依斯（John Du Bois）提出的对话句法对交际教学法进行改进和完善具有可行性（Du Bois 2014；唐小陆 2018）。对话句法是一个较新的概念，与传统句法研究语句内部的结构关系不同，对话句法研究的是交际对话中平行语句的对应成分之间的结构映射关系。例如：

（1）Joanne: It's kind of like you Ken.

　　　Ken: That's not at all like me Joanne.

（刘兴兵 2021：27）

在这个对话中，两个语句之间存在着结构的相似之处和紧密关系，表现出明显的句法映射关系，同时蕴含了丰富的韵律、语义和语用信息。对话句法有助于学生超越句子层面理解话语中的语言界面信息，对提高学生的交际能力大有裨益。

与交际大纲不同，任务大纲则是以学习任务为单位来选择、编排教学内容，组织教学。所谓任务是指教学中为处理和理解语言而进行的活动或行为。语言教学中运用各种各样的任务可以使语言教学更富有交际性，因此，任务大纲是在交际大纲基础上发展起来的一种教学大纲，同时克服了传统结构大纲的局限，在教学方面更有利于培养学生语言使用的准确性、得体性和流利性。要真正实现任务大纲的目标，需要对教学任务进行精心设计，既要考虑任务的难度，也要考虑任务的复杂度，以及任务的类型和呈现方式。

在句法教学中，任务难度的确定要充分考虑学习者的心理语言水平。这是因为，根据皮纳曼（Pienemann 1998，2003）提出的"可加工性理论"，在第二语言发展的任何阶段，学习者只能产出并听懂语言加工机制在当前状态所能处理的语言形式。第二语言的发展主要涉及以下五个加工程序，这五个加工程序从低到高构成了一个序列等级：词条提取程序→范畴程序→词组程序→句子程序→从属句程序（表7.1）。

表 7.1　英语作为第二语言的发展

加工程序	第二语言过程	形态特点	句法特点
5. 从属句程序	主、从句关系	—	倒装取消
4. 句子程序	词组间信息	主谓一致	do 第二位、倒装
3. 词组程序	词组内信息	名词词组内一致	状语前置、do 前置、话题化、否定词+动词
2. 范畴程序	词素	名词复数、动词过去式-ed 和代词属格	典型语序
1. 词条提取程序	词	不变形式	孤立成分

资料来源：Pienemann（2003：695）。

教学任务的设计要关照不同阶段的句法习得难度和复杂度，以英语特殊疑问句的教学任务设计为例，只有学生在习得了一般疑问句（如 How often do you go swimming?）之后，才能习得难度更大也更复杂的句法结构（如 The teacher wants to know how often you go swimming.）。不过，如何解释复数词素 s（第三阶段）和第三人称单数词素 s（第四阶段）的不同习得顺序呢？显然，复数词素 s 仅仅涉及名词词组内部的信息编码，而第三人称单数词素 s 涉及的则是句子层面主语和谓语动词之间的信息编码，后者所涉及的形态-句法信息更为复杂，习得的难度也更大。因此，无论是任务大纲的教学顺序安排还是教学任务的设计，都应考虑到语言结构的难度和复杂度，以及语言结构本身所蕴含的语言界面信息。

教学大纲的设计反映了语言教学理念的变迁，在设计大纲时不能仅仅关注语言结构或语言功能本身，还应当充分考虑语言界面的信息整合，把制约句法能力发展的内界面和外界面的变异因素纳入视野。这样不但有助于揭示学习者句法操作的界面特征和变异规律，亦能从实践上为二语课堂教学提供理论依据，提高句法教学的针对性和有效性。

7.2　教　材　编　写

　　教材在外语学习中发挥着重要的作用。以往的教材编写存在的问题表现在语言素材质量不高、输入量不足、忽视语篇知识的学习、语言实践偏少等方面（程晓堂和赵笑飞 2021）。从语言输入的角度看，编写教材要改变以语法规则为主线的教材编写思路，在句法教学方面要充分考虑语言界面的因素，将句法在特定语境条件下的变异纳入教材编写的考量范围。以句法-语用界面的变异为例，传统的教材编写将常规语序的句子作为教学的重点，涉及句法移位的非典型语序在教材中出现的频率过低，导致学生在语言输入中几乎接触不到这类句式，更难以在语言产出中灵活地使用这类句子。我们先来观察一下英语中的名词移位现象，名词在特定的语用条件下可以发生移位，从而产生 OSV 语序的名词前置句。例如：

　　（2）G: Do you watch football?

　　　　E: Yeah. <u>Baseball</u> I like a lot better.

　　　　　　　　　　　　　　　（Birner & Ward 1998：38）

　　在这个对话中，讲话者 E 使用了名词前置句式，前置的名词 baseball 在句中充当话题，而且伴有句重音。因此，"Baseball I like a lot better." 中的名词移位既蕴含了句法-语用方面的信息，也体现了音系-句法的特征。不过，在教材编写中，这种更加接近自然语言的非典型语序受到的关注并不多，编写者更有可能把对话改写成常规性的语序。

　　（3）G: Do you watch football?

　　　　E: Yeah. I like baseball a lot better.

　　这样的语言结构在语法上没有问题，但却忽略了句法在实际运用中出现的变异。如果教材的语言输入不考虑句法的这种变异性，就会使学生难以掌握多样化的句法形式，更不利于提高他们语言表达的流畅性。另外，在许多英语教材的编写中，there be 句型是教学的重点，该句型在语言中的输入频率明显偏高，从而导致学生在语言表达中对这类句式过度使用。相反，教材中对非宾格句式的教学并不重视，这类句式的输入频率也较低，学生在语言表达中很少使用 there appears (occurs...)这类非宾格句式，而是过多依赖 there be 句式。在这种情况下，学生难以掌握"there+非宾格动词"结构所特有的句法–语义制约条件，而是基于一种"安全策略"，选择使用把握较大的 there be 句式，从而导致语言表达过于单调，缺乏多样性和变异性。

通过以上的分析可以看出，传统的教材编写过于偏重对结构和规则的讲解，对句子本身的意义重视不够。这种教材编写模式深受结构主义语言学的影响，把句子看作内部成分之间的横组合关系，并以句子结构和规则为教学的中心，不仅割裂了句子的形式和意义之间的关系，而且脱离了句子的上下文和语境。实际上，语言很少是以孤立的句子形式存在的，无论是口语还是书面语。因此，教材的编写应当由静态的句子层面转向句法与其他语言模块的互动，并结合语言的界面信息讲解句法的制约条件。在真实的话语交际中，语言的表现形式和传统句法教学中的一些规则往往有些相悖之处，在教材编写时需要突破传统句法教学的束缚，从语言界面的视角精心设计教材中的语言输入，提高学习者的句法能力和交际能力。

7.3　产出技能教学

口语表达是外语教学中的一项重要产出技能，口语表达能力的提高在很大程度上取决于语言的流利性和多样性。提高语言流利性的方法之一就是大量使用预制语块，这是因为，语块具有以下三个特征：共现的频率性、存储和提取的整体性、可记忆的韵律性（段士平 2008）。语块的这三个特征有利于讲话者在交际中减少组织语言的时间，提高语言输出效率。对二语学习者来说，掌握目的语句法结构的韵律特性，提高语言知识提取的自

动化水平,具有重要的意义。研究表明,鉴于语块具有韵律性,在教学中
将语块产出与语调节奏训练相结合将会取得更好的效果(李红菱 2017)。
因此,在口语教学中,设计教学活动时,有机地将语块的使用与韵律的训
练结合起来,有助于提高学习者句法表达的流畅性。英语口语教学中部分
常见的语块如下所示:

> I think …
>
> I'm afraid …
>
> You see, …
>
> If I were you, …
>
> You are welcome.
>
> By the way, …
>
> That's to say, …
>
> As we know, …
>
> I mean …

语块在口语教学中的作用已经得到许多研究的证实。例如,原萍和郭
粉绒(2010)的研究发现,语块数量、语块使用频率与二语口语流利性之
间存在着相关性,语块数量越多、语块使用频率越高,二语学习者的口语
表达越流利。该研究同时发现,母语的负迁移是学生进行词汇搭配时常常
出错的一个主要原因。另外,李红菱(2017)的研究认为,基于语料库的
语块教学模式能够有效培养学习者的语块意识,提高其语块运用的能力,
从而实现口语表达的流利性、准确性和地道性。

除了流利性之外,句法表达的多样性对提高口语教学的效果也有重要
的意义。目前,口语教学中普遍存在的一个问题是,学生使用的句法结构
缺乏多样性和变异性,从而会导致语言的连贯性存在较多问题,直接影响
语言的表现力。英语本族语者的日常会话中,讲话者会经常省略句中的某
些成分,变通句子的语序,尽量体现出句法结构的多样性和灵活性。相对
而言,二语学习者的口语表达中使用的句子缺乏灵活性和变异性。学习者
较少使用前置、倒装、左偏置、右偏置等非典型语序,而这些句法变异手

段在英美人的口语表达中较为常见。例如：

　　（4）A: You know this album?

　　　　B: <u>This song</u> I know.

　　（5）R: If there're fewer than five students [waiting in line] then I guess we can start. How many are there?

　　　　T: Five.

　　　　R: <u>Five students</u> we don't have to wait for. More than that we would.

（Birner & Ward 1998：44）

　　在这里两个对话中均出现了名词短语前置句式，该句式通过信息的编码与上下文构成了连贯的语篇。在教学中，可以引导学习者留意英语口语表达中的这种句法变异现象，提高学习者语言表达的丰富性和多样性，改变其口语表达语句贫乏、单调的现状。因此，可以从语言界面的视角分析句法形式的选择和语篇衔接机制的关系，提高学习者对语境中各种制约因素的敏感度，而这正是传统的句法教学所忽视的地方，有必要在教学中进一步加强。

　　界面因素的作用对二语写作教学具有启示意义。相较生活化的口语，书面语言要更加正式，也更严谨。从句法的角度来看，书面语在结构上更加复杂，对准确性的要求也更高。此外，相对于口语，书面语句子之间的衔接与连贯的机制也更加复杂。二语学习者如果没有习得语言的界面知识，对句法的使用则不会那么自然、地道。需要指出的是，中国学生有时会过度使用某些语块，导致上下文的连贯性出现问题。下面的一个段落出自一名大学生的英语作文，通过分析可以看出，学习者在句法-语用界面方面存在一定的问题。

　　（6）Internet addiction will have an effect on teenagers in two different aspects. On the one hand, <u>there is no doubt that</u> the Internet media is harmful to our physical health. <u>It is universally acknowledged</u>

<u>that</u> it could produce radiation to our bodies. On the other hand, Internet addition could be bad for our mental health. It would make us become more introvert and be afraid to face realistic world and talk to others sincerely.

在这个段落中，there is no doubt that 和 it is universally acknowledged that 这两个结构的使用影响了句子之间的信息连贯。在英语中，这两个结构常被当作语块使用，但学习者显然机械地套用了这两个语块，从而导致句子之间的话题链（topic chain）发生了中断。虽然每个句子本身的句法结构没有问题，但从句法-语用的角度来看，话题链的中断则会直接影响语篇的连贯性和交际的有效性。如果将上述两个误用的语块省略，句子之间的连贯性将大大增强。修改后的语篇信息结构如图 7.1 所示。

<u>Internet addiction</u> will have an effect on teenagers in two different aspects.

On the one hand, the <u>Internet media</u> is harmful to our physical health and could produce radiation to our bodies.

On the other hand, <u>Internet addition</u> could be bad for our mental health.

<u>It</u> would make us become more introvert and be afraid to face realistic world and talk to others sincerely.

图 7.1　语篇信息衔接示意图
注：图中箭头表示话题链的扩展方向

在二语写作中，连贯性对信息的有效传递发挥着重要作用。写作中要取得良好的连贯性，就要运用好句子之间的信息编码方式，使句子之间的过渡自然、流畅。教学中要训练学生合理布局语篇的信息状态，使其把握好语篇的主位推进方式，提高其对语篇衔接与连贯的敏感度。

7.4　理解技能教学

听力和阅读是两种重要的理解性技能，在语言习得过程中发挥着关键作用。听力理解不仅涉及语音分辨和词汇识别，而且也涉及句子层面的信息加工和处理。其中，句子歧义的消解是听力教学中的一个难点，需要教师结合语言的界面知识，设计针对性的教学活动，提高学生听力理解的准确性。请看下面的两个句子：

（7）After Mary mended the sock ripped again.

（8）The florist sent the flowers was very pleased.

这两句均属于具有局部歧义的花园路径句，听话者在理解过程中就像在花园中走错了路，发现自己理解上的失误后，不得不对句子进行重新分析。听话者在第一次理解例（7）时，往往会把 after Mary mended the sock 理解为一个常规语序的小句，但听到后面的动词 ripped 时，会发现这种理解有误，会对句子结构重新分析如下。

（9）[After Mary mended] [the sock ripped again].

出现理解失误的原因在于，mended 既可以用作及物动词，也可用作不及物动词，其中及物动词的用法更为普遍，不及物动词的用法在语言输入中出现频率较低，也更具标记性。因此，对二语学习者来说，第一次听到例（7）的时候就会将动词 mended 理解为无标记的及物动词。

理解例（8）的过程中也会遇到类似的结构歧义问题。听话者第一次听到该句会将 the florist sent the flowers 误解为常规语序的小句，而重新分析后则会发现，the florist sent the flowers 实际上是一个缩减式关系从句，其完整的结构理解如下。

（10）The florist who was sent the flowers...

听话者出现理解失误的原因在于误将例（8）的主语 the florist 理解为动词 sent 的施事，实际上该名词短语为动词的受事，这里涉及缩减式关系从句结构。与完整的关系从句相比，缩减式关系从句的结构更为复杂，也会给二语学习者造成更多的理解困难。

那么，如何才能帮助学习者提高对歧义句式的理解呢？显然，单纯从句法的角度进行分析并不能解决问题，还应当结合语言的界面信息帮助学生进行理解。对于一些兼具及物和不及物用法的动词来说，应当让学习者了解两者在语法意义上的差异，在教学中提供充分的语言输入，以便学习者了解和熟悉这类句式的界面特征。同时，结合语篇的上下文和信息状态，从句法-语用的视角进行合理的推理，从而正确领会讲话者的真实含义。

阅读理解过程中也会遇到一些具有歧义的句子，同样可以借助句法-语用信息进行解歧。例如：

（11）The fireman smashed down the door with the rusty lock.

从结构上来看，with the rusty lock 既可以理解为 the door 的后置定语，也可以理解为动词短语 smashed down 的状语，因此该句也存在结构上的歧义问题。在阅读理解中，可以帮助学习者利用上下文中的语用信息对句子的意义进行推理。

（12）The fireman was running to the scene of a fire carrying a heavy axe. He had to smash down a door. When he got to the scene of the fire, he found a door which had a rusty lock and a door which was nailed shut. <u>The fireman smashed down the door with the rusty lock</u>, but smoke overcame him.

在这个段落中，上下文的语用线索可以帮助学习者进行推理，画线部分中的 with the rusty lock 是句子的语篇旧信息，在上文中已经提及，由此可以得知该介词短语修饰的应是 the door，而非动词短语 smashed down。

借助语篇的信息结构有助于学习者消除句法结构本身的歧义，准确把握作者想要表达的意图。因此，在阅读理解教学中，教师应当注意培养学生的句法-语用知识，让学生充分了解语境信息的编码方式，通过语篇的推理处理阅读过程中遇到的句法歧义问题。

7.5　本　章　小　结

本章围绕句法教学的大纲设计、教材编写、产出技能教学、理解技能教学等四个方面进行了阐述，在此基础上探讨了英语句法教学的优化模式。大纲设计既要关注语言结构或语言功能本身，也应充分考虑语言界面的信息整合，把制约句法能力发展的内部界面和外部界面的变异因素纳入考量。这样有助于从实践上为二语课堂教学提供理论依据，提高句法教学的针对性和有效性。教材编写则需要突破传统句法教学的束缚，从语言界面的视角精心设计教材中的语言输入，提高学习者的句法能力和交际能力。在产出性技能教学中，要充分发挥语块的作用，同时需要训练学生合理布局语篇的信息状态，把握好语篇的主位推进方式，提高其对语篇衔接与连贯的敏感度。在理解性技能教学中，要借助语言的界面知识消解句法结构的歧义，提高语言理解的准确性。

本书的研究遵循"应用—理论—应用"的原则，在理论指导下对二语句法现象进行深入分析研究，不但有助于揭示中国英语学习者句法能力发展的界面特征和发展规律，亦能从实践上为二语课堂教学提供理论依据，提高教学的针对性和有效性。另外，本书在对二语句法的制约机制进行研究的同时，考察了制约句法能力发展的界面互动过程，使教学活动的安排更加符合学习者的心理语言发展水平，提高外语教学的效率和效益，期待这一研究思路为国内第二语言句法教学提供一定的启示。

参 考 文 献

安福勇. 2015. 不同水平 CSL 学习者作文流畅性、句法复杂度和准确性分析——一项基于 T 单位测量法的研究[J]. 语言教学与研究, (3): 11-20.

曹道根. 2018. 再论汉语是否有限定和非限定区分[J]. 当代语言学, 20(1): 19-39.

常辉. 2009. 冠词习得与中介语句法损伤研究——普遍语法可及性研究的最新发展[J]. 外国语, 32(6): 35-46.

常辉. 2014. 接口假说与接口知识习得研究——基于生成语法理论的二语习得研究[J]. 外语与外语教学, (6): 44-49, 73.

陈晓霄. 2021. 韵律在汉语英语二语学习者句法消歧中的作用[D]. 天津: 天津师范大学硕士学位论文.

陈艳君. 2016. 动态系统理论视角下的二语写作流利度发展研究[J]. 外语电化教学, (5): 49-53.

陈颖, 宋迁. 2021. 近十年国内外句法复杂度研究进展与趋势[J]. 第二语言学习研究, (2): 103-115, 134-135.

程芬. 2010. 基于语料库对非英语专业大学生使用英语非谓语动词的错误分析[J]. 皖西学院学报, 26(1): 124-127.

程晓堂, 赵笑飞. 2021. 外语专业语言类教材编写的问题与建议[J]. 山东外语教学, 42(1): 40-48.

戴曼纯. 2014. 语言接口与二语接口的习得[J]. 外国语, 37(1): 72-82.

戴曼纯, 康悦. 2009. 二语习得研究语言学视角的理论思考: 形式-形态分离与句法-形态映射[J]. 语言教学与研究, (4): 55-63.

戴曼纯, 梁毅. 2007. 中国学生的英语存在句习得研究[J]. 外语研究, (6): 41-48, 110.

戴英梅. 2020. 工作记忆与口语焦虑对高中生英语口语流利性的影响[D]. 福州: 福建师范大学硕士学位论文.

戴运财. 2011. 工作记忆与教学方式在英语关系从句习得中的作用[J]. 外语学刊, (2): 96-100.

戴运财. 2016. 中国学习者对英语关系从句挂靠的歧义消解[J]. 外国语, 39(6): 65-74.

董保华. 2009. 《句法—语义界面研究》介评[J]. 中国外语, 6(2): 109-111.

董秀英, 徐杰. 2009. 假设句句法操作形式的跨语言比较[J]. 汉语学报, (4): 64-74, 96.

董燕萍, 刘玉花. 2006. 英、汉语句子理解过程中的线索竞争[J]. 外语教学与研究, 38(5): 257-264, 319.

段士平. 2008. 国内二语语块教学研究述评[J]. 中国外语, 5(4): 63-67, 74.

冯胜利. 2002. 韵律构词与韵律句法之间的交互作用[J]. 中国语文, (6): 515-524, 575.

傅燎雁. 2020. 基于句法-形态接口的英语功能语类 T 习得研究[J]. 语言与文化论坛, (1): 79-87.

高恩光. 1998. 句尾重心与末尾聚焦[J]. 山西大学师范学院学报（哲学社会科学版）, (2): 86-87, 93.

高育松. 2009. 中国英语学习者对英语空宾语结构的习得——语篇、语义与句法接口的视角[J]. 外语教学与研究, 41(6): 438-446, 481.

顾阳. 1997. 关于存现结构的理论探讨[J]. 现代外语, (3): 15-25.

何文芳. 2019. 初中英语书面语流利性、准确性、复杂性历时研究[J]. 基础外语教育, 21(2): 18-29, 108-109.

侯建东. 2018. 元语言纠正性反馈对英语写作准确性的影响[J]. 外语学刊, (2): 57-63.

黄璐. 2018. 句法形态接口下中学生英语动词过去式习得研究[D]. 漳州: 闽南师范大学硕士学位论文.

蒋秀玲. 2011. 可及性递进阶假设与感知难度假说互补性再考察[J]. 江苏外语教学研究, (2): 17-21.

李红菱. 2017. 基于语块整体性和韵律特征的口语流利性探究[J]. 沈阳师范大学学报（社会科学版）, 41(4): 143-146.

李金满, 王同顺. 2007. 当可及性遇到生命性: 中国学习者英语关系从句使用行为研究[J]. 外语教学与研究, 39(3): 198-205.

李芝, 戴曼纯, 刘艾娟. 2019. 句法-形态接口视角下二语时体语类习得研究[J]. 解放军外国语学院学报, 42(4): 111-120, 160.

廖文衍. 1988. 英语尾重原则初探[J]. 福建外语, (z1): 14-21.

廖小玉. 2021. 泰国中学生汉语口语流利性与准确性研究——以曼谷华盛中学为例[D].

南京：南京师范大学硕士学位论文.

林艳. 2013. 汉语双宾构式句法语义研究[M]. 北京：北京语言大学出版社.

刘春燕. 2009. 语言输出与外语学习[M]. 广州：世界图书出版公司.

刘黎岗，明建平. 2020. 中国英语学习者口语句法复杂度特征研究[J]. 解放军外国语学院学报，43(5): 101-108, 160.

刘兴兵. 2021. 对话句法理论目前存在的问题[J]. 外语教学理论与实践，(3): 26-34.

刘宇红. 2013. 词汇与句法界面的双向互动研究[M]. 北京：北京大学出版社.

柳雪飞. 2016. 疑问代词句的语音与句法接口研究[D]. 北京：中国社会科学院研究生院博士学位论文.

马秋武. 2013. 音系学中的界面研究[J]. 外国语文，29(5): 7-10.

马蓉，秦晓晴. 2013. 二语写作流利性研究趋势[J]. 现代外语，36(3): 315-322, 331.

马玉蕾，王振华. 2009. 英语存现句的认知理据分析[J]. 外语教学，30(1): 21-24, 29.

毛眺源，戴曼纯. 2015. 二语特征重组假说之构架与远景评释[J]. 中南大学学报（社会科学版），21(1): 251-256.

苗兴伟，董素蓉. 2009. 从句法—语篇界面看语言学的整合研究[J]. 中国外语，6(3): 20-24.

牛萌萌，吴一安. 2007. 关系从句挂靠偏向研究[J]. 现代外语，30(3): 271-279, 329.

彭明娥. 2010. 英语词类误用的标记性分析[J]. 浙江海洋学院学报（人文科学版），27(2): 75-79.

邵士洋，吴平. 2021. 中国学生英语非定式小句习得研究[J]. 外语学刊，(2): 72-77.

邵士洋，吴庄. 2017. 语言接口视角下中国学生英语冠词习得研究[J]. 现代外语，40(4): 552-563, 585.

沈园. 2007. 句法-语义界面研究[M]. 上海：上海教育出版社.

盛云岚. 2015. 二语习得界面假说剖析[J]. 现代外语，38(5): 678-686, 731.

宋瑞梅，汪火焰. 2019. 中国博士学位论文摘要句法复杂度研究[J]. 解放军外国语学院学报，42(1): 85-91.

孙道功. 2018. "句法—语义"接口研究的理论回溯及模式建构[J]. 南京师范大学文学院学报，(2): 143-150.

孙道功，李葆嘉. 2009. 动核结构的"词汇语义—句法语义"衔接研究[J]. 语言文字应用, (1): 134-141.

孙道功, 施书宇. 2018. "句法—语义"接口视域中词汇与句法的互动制约研究 [J]. 外语学刊, (4): 29-35.

唐小陆. 2018. 交际教学法的对话句法反思 [D]. 重庆: 四川外国语大学硕士学位论文.

王丹, 郑波, 杨玉芳. 2003. 韵律特征对句法结构歧义解歧作用的实验研究 [J]. 心理科学, 26(4): 667-671.

王亭亭. 2019. 修正性反馈对高中生英语非限定动词习得的有效性研究 [D]. 曲阜: 曲阜师范大学硕士学位论文.

王文斌, 李雯雯. 2021. 中国高阶英语习得中时间状语从句与一般过去时关系研究——以英汉时空性差异为视角 [J]. 外语界, (1): 37-45.

韦理, 戴炜栋. 2010. 大学生英语定冠词句法语用接口习得研究 [J]. 中国外语, 7(2): 47-53.

魏冉. 2016. 语用表达的句法复杂性与语用能力的关系研究 [J]. 浙江外国语学院学报, (6): 8-15.

文秋芳, 王金铨. 2009. 中国大学生英汉汉英口笔译语料库 [M]. 北京: 外语教学与研究出版社.

巫淑华. 2009. 工作记忆的个体差异与二语口语流利性研究 [J]. 海南大学学报 (人文社会科学版), 27(6): 697-702.

吴菲. 2016. 涉及多重接口的不完全习得研究 [J]. 外国语, 39(5): 83-94.

吴洁, 刘春燕. 2013. 英语专业学生二语口语准确性和复杂性的发展研究 [J]. 北京第二外国语学院学报, 35(10): 72-78.

吴旭东, 刘丽. 2002. 中国学生对英语存现动词的习得 [J]. 福建外语, (2): 25-31, 39.

吴雪. 2017. 中国学者国际期刊论文句法复杂度与文本可读性研究 [J]. 解放军外国语学院学报, 40(5): 11-19, 159.

冼柳艳. 2012. 从波动假说视角研究中国英语学习者冠词习得 [D]. 长沙: 中南大学硕士学位论文.

向明友. 2008. 论英语非限定动词的选择问题 [J]. 外语教学与研究, 40(6): 423-426.

邢加新. 2014. 论二语产出的三个衡量维度——复杂性、准确性、流利性 [J]. 北京化工大学学报 (社会科学版), (4): 89-92, 34.

熊学亮. 2004. 管窥语言界面[J]. 外语研究, (4): 17-19.

熊学亮. 2013. 英语非双宾动词刍议[J]. 外文研究, 1(3): 1-6, 104.

徐鹏. 2019. 中国英语学习者口语句法复杂性多维分析[J]. 语料库语言学, 6(2): 22-36, 115.

徐一平, 施建军, 沈燕菲. 2012. 中国人日语学习者日语结构歧义句的韵律特征[J]. 日语学习与研究, (2): 95-101.

杨连瑞, 戴月, 李绍鹏. 2013. 国外二语习得界面研究[J]. 中国外语, 10(5): 56-63.

杨盼威. 2016. 中国英语学习者主题结构和焦点前置习得研究[D]. 新乡: 河南师范大学硕士学位论文.

杨玉芳. 1995. 语句句法成分边界和韵律特征知觉[D]. 北京: 中国科学院心理研究所博士学位论文.

易保树, 倪传斌. 2017.《二语习得和加工中的工作记忆》评介[J]. 中国外语教育, 10(1): 91-94.

尹洪山. 2007a. 语篇中前置句法结构的语用制约——基于中国英语学习者的实证研究[D]. 济南: 山东大学博士学位论文.

尹洪山. 2007b. 从普遍语法到认知科学——语言迁移研究的视角转换[J]. 语言教学与研究, (5): 1-6.

尹洪山. 2010. 信息状态对英语前置句式习得的语用制约[J]. 现代外语, 33(3): 268-275, 329.

尹洪山. 2012. 从句法和语用界面看英语前置句式的习得[J]. 中国海洋大学学报（社会科学版）, (3): 99-103.

尹洪山. 2014. 中介语句法习得的语用研究[M]. 济南: 山东大学出版社.

尹洪山. 2015. 宾语标记的类型学研究[J]. 青岛科技大学学报（社会科学版）, 31(2): 87-91.

尹洪山. 2017. 英语呈现句的界面研究[J]. 长春大学学报, 27(7): 26-29.

尹洪山, 杨连瑞. 2012. 终结性情状参数的习得研究[J]. 山东外语教学, 33(2): 45-49.

尹洪山, 于梦初. 2019. 关系从句习得的理论嬗变与研究展望[J]. 青岛科技大学学报（社会科学版）, 35(2): 93-97.

尹洪山, 国辉, 杨萍萍. 2018. 英语存现结构习得中的非宾格制约——基于句法语义界面的研究[J]. 西安外国语大学学报, 26(2): 34-39.

于泽, 韩玉昌. 2011. 书面韵律边界与语境对歧义句歧义消解的影响[J]. 心理科学, 34(6): 1320-1324.

袁博平. 2015. 汉语二语习得中的界面研究[J]. 现代外语, 38(1): 58-72, 146.

原萍, 郭粉绒. 2010. 语块与二语口语流利性的相关性研究[J]. 外语界, (1): 54-62.

曾涛, 高雅蓉, 代学群. 2022. 中国英语学习者非宾格结构的在线加工研究[J]. 外语教学与研究, 54(1): 90-102, 160.

翟艳. 2011. 口语流利性主观标准的客观化研究[J]. 语言教学与研究, (5): 79-86.

张达球. 2015. 非宾格陷阱假说与 There-Do 结构的习得[J]. 外语教学, 36(6): 60-70, 103.

张达球, 乔晓妹. 2013. 中国英语学习者非宾格结构在线加工研究[J]. 外语界, (3): 12-21.

张建华, Zhang, L. J. 2021. 动态系统理论视阈下英语学习者书面语句法复杂性发展变异性特征及规律[J]. 二语写作, (1): 1-13, 130.

张克定. 2007. 英语 there-结构的认知解释[J]. 外语学刊, (2): 81-85.

张克定. 2008. 英语句式的多维研究[M]. 北京: 中国社会科学出版社.

张秋杭. 2015. 从汉语关系从句看 AH 假设和通格假设[J]. 外语学刊, (6): 69-74.

张绍杰. 2010. 语法和语用: 基于语言使用的互动视角[J]. 外语学刊, (5): 74-79.

张绍杰. 2022. 语法与语用界面研究的新路径——以语态构式为例[J]. 现代外语, 45(3): 293-305.

张文. 2014. 从语义—句法和语篇—句法界面看中国学习者对英语空宾语结构的习得[D]. 青岛: 中国海洋大学硕士学位论文.

章振邦. 2012. 新编高级英语语法[M]. 上海: 上海外语教育出版社.

赵晨. 2013. 中国学生英语关系从句挂靠偏向研究[J]. 外语与外语教学, (6): 29-32, 48.

赵永刚. 2016. 韵律结构音系—句法接口研究: 问题、目标及对策[J]. 外语教学, 37(4): 24-29.

郑超. 2004. IP 外名词性结构及其在第二语言习得中的初始重组[M]. 北京: 科学出版社.

周丹丹, 范昆盟. 2018. 频次对二语学习者语块使用准确性的影响[J]. 外语研究, 35(2): 48-53.

周凤玲, 王建勤. 2019. 韩国留学生汉语口语韵律加工对歧义句的解歧作用[J]. 第二语言学习研究, (1): 42-49.

周洁. 2016. 韩国留学生汉语口语准确性与复杂性历时发展个案研究[D]. 广州: 暨南大学硕士学位论文.

周韧. 2006. 音系与句法互动关系研究综述[J]. 当代语言学, (1): 46-59, 94.

周韧. 2010. 论韵律制约句法移位的动因和手段[J]. 世界汉语教学, 24(1): 18-25.

周迎芳, 王勇. 2008. 末端重心、末端焦点原则与语言实际使用[J]. 湖北师范学院学报（哲学社会科学版）, (5): 138-142.

朱德熙. 1985. 语法答问[M]. 北京: 商务印书馆.

朱立刚. 2017. 从句法—韵律接面关系的视角看连上变调问题——以"老李买好酒"为例[J]. 外国语, 40(1): 66-76.

朱秀杰, 王同顺. 2016. 中国学生英语中不及物动词的及物化现象研究[J]. 外语与外语教学, (3): 67-74, 146.

Ackema, P. & Neeleman, A. 2004. *Beyond Morphology: Interface Conditions on Word Formation*[M]. New York: Oxford University Press.

Al-Khazaali, H. M. K. 2019. The impact of lexical chunks instruction in developing Iraqi students' writing fluency[J]. *Advances in Language and Literary Studies*, 10(5): 70-76.

Baerman, M., Brown, D. & Corbett, G. G. 2005. *The Syntax-Morphology Interface: A Study of Syncretism*[M]. Cambridge: Cambridge University Press.

Balhorn, M. 1996. Existential-presentational sentences in second language acquisition (Paper presented at the Annual Meeting of the American Association for Applied Linguistics) [R]. Chicago, IL.

Bardovi-Harlig, K. 1992. The relationship of form and meaning: A cross-sectional study of tense and aspect in the interlanguage of learners of English as a second language[J]. *Applied Psycholinguistics*, 13(3): 253-278.

Bardovi-Harlig, K. & Reynolds, D. W. 1995. The role of lexical aspect in the acquisition of tense and aspect[J]. *TESOL Quarterly*, 29(1): 107-131.

Bentea, A. & Durrleman, S. 2019. Topichood and the comprehension of relative clauses in French[A]. In M. M. Brown & B. Dailey (Eds.), *Proceedings of the 43rd Boston University Conference on Language Development*[C] (pp. 57-68). Somerville:

Cascadilla Press.

Biber, D., Gray, B., Staples, S., et al. 2020. Investigating grammatical complexity in L2 English writing research: Linguistic description versus predictive measurement[J]. *Journal of English for Academic Purposes,* 46: 1-15.

Birner, B. J. 1994. Information status and word order: An analysis of English inversion[J]. *Language,* 70(2): 233-259.

Birner, B. J. 2012. *The Discourse Function of Inversion in English*[M]. New York: Routledge.

Birner, B. J. & Mahootian, S. 1996. Functional constraints on inversion in English and Farsi[J]. *Language Sciences,* 18(1/2): 127-138.

Birner, B. J. & Ward, G. 1998. *Information Status and Noncanonical Word Order in English*[M]. Amsterdam: John Benjamins Publishing Company.

Callies, M. 2009. *Information Highlighting in Advanced Learner English*[M]. Amsterdam: John Benjamins Publishing Company.

Carreiras, M. & Clifton, C. 1999. Another word on parsing relative clauses: Eye-tracking evidence from Spanish and English[J]. *Memory & Cognition,* 27(5): 826-833.

Casielles-Suárez, E. 2004. *The Syntax-Information Structure Interface*[M]. New York: Routledge.

Chen, M. Y. 2000. *Tone Sandhi: Patterns Across Chinese Dialects*[M]. Cambridge: Cambridge University Press.

Chomsky, N. 1980. *Rules and Representations*[M]. New York: Columbia University Press.

Chomsky, N. 1986. *Knowledge of Language: Its Nature, Origin, and Use*[M]. New York: Praeger.

Chomsky, N. 1995. *The Minimalist Program*[M]. Cambridge: MIT Press.

Comrie, B. 1976. *Aspect*[M]. Cambridge: Cambridge University Press.

Comrie, B. 1989. *Language Universals and Linguistic Typology*[M]. Chicago: University of Chicago Press.

Cuetos, F. & Mitchell, D. C. 1988. Cross-linguistic differences in parsing: Restrictions on the use of the Late Closure strategy in Spanish[J]. *Cognition,* 30(1): 73-105.

Dorgeloh, H. 1997. *Inversion in Modern English: Form and Function*[M]. Amsterdam: John Benjamins Publishing Company.

Dowty, D. R. 1979. *Word Meaning and Montague Grammar*[M]. Dordrecht: D. Reidel Publishing Company.

Du Bois, J. W. 2014. Towards a dialogic syntax[J]. *Cognitive Linguistics*, 25(3): 359-410.

Dussias, P. E. 2003. Syntactic ambiguity resolution in L2 learners: Some effects of bilinguality on L1 and L2 processing strategies[J]. *Studies in Second Language Acquisition*, 25(4): 529-557.

Eckman, F. R. 1977. Markedness and the contrastive analysis hypothesis[J]. *Language Learning*, 27(2): 315-330.

Ellis, R. & Barkhuizen, G. 2005. *Analysing Learner Language*[M]. Oxford: Oxford University Press.

Eubank, L. 1996. Negation in early German-English interlanguage: More valueless features in the L2 initial state[J]. *Second Language Research*, 12(1): 73-106.

Faigley, L. 1980. Names in search of a concept: Maturity, fluency, complexity, and growth in written syntax[J]. *College Composition and Communication*, 31(3): 291-300.

Felser, C., Roberts, L., Gross, R., et al. 2003. The processing of ambiguous sentences by first and second language learners of English[J]. *Applied Psycholinguistics*, 24: 453-489.

Fernández, E. M. 2003. *Bilingual Sentence Processing: Relative Clause Attachment in English and Spanish*[M]. Amsterdam: John Benjamins Publishing Company.

Fodor, J. D. 2002. Prosodic disambiguation in silent reading[J]. *North East Linguistics Society*, 32(1): 113-132.

Gass, S. M. & Ard, J. 1984. Second language and the ontology of language universals[A]. In W. E. Rutherford (Ed.), *Language Universals and Second Language Acquisition*[C] (pp. 33-68). Amsterdam: John Benjamins Publishing Company.

Gass, S. M., Behney, J., Plonsky, L. 2013. *Second Language Acquisition: An Introductory Course*[M]. New York: Routledge.

Geçkin, V. & Haznedar, B. 2008. The morphology/syntax interface in child L2 acquisition[A]. In B. Haznedar & E. Gavruseva (Eds.), *Current Trends in Child Second Language Acquisition: A Generative Perspective*[C] (pp. 237-267). Amsterdam: John Benjamins Publishing Company.

Gibson, E. 1998. Syntactic complexity: Locality of syntactic dependencies[J]. *Cognition*, 68(1): 1-76.

Gibson, E., Pearlmutter, N., Canseco-Gonzalez, E., et al. 1996. Recency preference in the human sentence processing mechanism[J]. *Cognition*, 59(1): 23-59.

Giorgi, A. & Pianesi, F. 1997. *Tense and Aspect: From Semantics to Morphosyntax*[M]. Oxford: Oxford University Press.

Gorman, K. T. 2014. *L1 Influence on Adult L2 Learners' Attention to English Articles* (Unpublished master's dissertation) [D]. California State University, Fresno.

Hartvigson, H. H. & Jakobsen, L. K. 1974. *Inversion in Present-day English*[M]. Odense: Odense University Press.

Hawkins, R. 2000. Persistent selective fossilisation in second language acquisition and the optimal design of the language faculty[J]. *Essex Research Reports in Linguistics*, 48: 243-263.

Hawkins, R. 2005. Explaining full and partial success in the acquisition of second language grammatical properties[J]. *Second Language*, 4: 7-25.

Hawkins, R. & Liszka, S. A. 2003. Locating the source of defective past tense marking in advanced L2 English speakers[A]. In R. van Hout, A. Hulk, F. Kuiken, et al. (Eds.), *The Lexicon-syntax Interface in Second Language Acquisition*[C] (pp. 21-44). Amsterdam: John Benjamins Publishing Company.

Hawkins, R., Casillas, G., Hattori, H., et al. 2008. The semantic effects of verb raising and its consequences in second language grammars[A]. In J. Liceras, H. Zobl & H. Goodluck (Eds.), *The Role of Formal Features in Second Language Acquisition*[C] (pp. 333-355). New York: Lawrence Erlbaum Associates.

Haznedar, B. 1997. *Child Second Language Acquisition of English: A Longitudinal Case Study of a Turkish-Speaking Child* (Unpublished doctoral dissertation) [D]. Durham University, Durham.

Hester, J. L. 2001. *Investigating Writing Fluency in Seventh and Eighth Graders' Narrative and Expository First Drafts* (Unpublished doctoral dissertation) [D]. University of Illinois Chicago, Illinois.

Hirakawa, M. 2013. Alternations and argument structure in second language English: Knowledge of two types of intransitive verbs[A]. In M. Whong, K. Gil & H. Marsden (Eds.), *Universal Grammar and the Second Language Classroom*[C] (pp. 117-137). Dordrecht: Springer.

Holmberg, A. & Roberts, I. 2013. The syntax-morphology relation[J]. *Lingua*, 130: 111-131.

Hopp, H. 2014. Working memory effects in the L2 processing of ambiguous relative clauses[J]. *Language Acquisition*, 21(3): 250-278.

Huang, C. T. J. 1982. *Logical Relations in Chinese and the Theory of Grammar* (Unpublished doctoral dissertation) [D]. Yale University, New Haven.

Huang, C. T. J. 1989. Pro-drop in Chinese: A generalized control theory[A]. In O. Jaeggli & K. Safir (Eds.), *The Null Subject Parameter*[C] (pp. 185-214). Dordrecht: Springer.

Hyltenstam, K. 1984. The use of typological markedness conditions as predictors in second language acquisition: The case of pronominal copies in relative clauses[A]. In R. Andersen (Ed.), *Second Language: A Cross-linguistic Perspective*[C] (pp. 39-58). Rowley: Newbury House.

Ionin, T., Ko, H. & Wexler, K. 2004. Article semantics in L2 acquisition: The role of specificity[J]. *Language Acquisition*, 12(1): 3-69.

Izumi, S. 2003. Processing difficulty in comprehension and production of relative clauses by learners of English as a second language[J]. *Language Learning*, 53(2): 285-323.

Jakubowicz, C. & Strik, N. 2008. Scope-marking strategies in the acquisition of long distance wh-questions in French and Dutch[J]. *Language and Speech*, 51(1/2): 101-132.

Jensen, I. N., Slabakova, R., Westergaard, M., et al. 2020. The bottleneck hypothesis in L2 acquisition: L1 Norwegian learners' knowledge of syntax and morphology in L2 English[J]. *Second Language Research*, 36(1): 3-29.

Johnston, M. 1985. *Syntactic and Morphological Processions in Learner English*[M]. Canberra: Commonwealth Department of Immigration and Ethnic Affairs.

Juffs, A. 2015. Working memory and sentence processing: A commentary[A]. In Z. Wen, M. B. Mota & A. McNeill (Eds.), *Working Memory in Second Language Acquisition and Processing*[C] (pp. 125-138). Bristol: Multilingual Matters.

Kaku, K. 2009. *Acquisition of Telicity in L2: A Psycholinguistic Study of Japanese Learners of English* (Unpublished doctoral dissertation) [D]. University of Ottawa, Ottawa.

Keenan, E. L. & Comrie, B. 1977. Noun phrase accessibility and universal grammar[J]. *Linguistic Inquiry*, 8(1): 63-99.

Khaerudin, T. 2014. Measuring accuracy and complexity of an L2 learner's oral production[J]. *IJEE (Indonesian Journal of English Education)*, 1(2): 189-198.

Kim, J. H. & Christianson, K. 2017. Working memory effects on L1 and L2 processing of ambiguous relative clauses by Korean L2 learners of English[J]. *Second Language Research*, 33(3): 365-388.

Krifka, M. 1992. Thematic relations as links between nominal reference and temporal constitution[A]. In I. A. Sag & A. Szabolcsi (Eds.), *Lexical Matters*[C] (pp. 29-53). Palo Alto: Center for the Study of Language and Information.

Kuno, S. 1974. The position of relative clauses and conjunctions[J]. *Linguistic Inquiry*, 5(1): 117-136.

Kuno, S. & Takami, K. 2004. *Functional Constraints in Grammar*[M]. Amsterdam: John Benjamins Publishing Company.

Lado, R. 1957. *Linguistics Across Cultures*[M]. Ann Arbor: University of Michigan Press.

Lambert, C. & Nakamura, S. 2019. Proficiency-related variation in syntactic complexity: A study of English L1 and L2 oral descriptive discourse[J]. *International Journal of Applied Linguistics*, 29(2): 248-264.

Lardiere, D. 2009. Some thoughts on the contrastive analysis of features in second language acquisition[J]. *Second Language Research*, 25(2): 173-227.

Latif, M. M. A. 2009. Toward a new process-based indicator for measuring writing fluency: Evidence from L2 writers' think-aloud protocols[J]. *The Canadian Modern*

Language Review, 65(4): 531-558.

Lee, K. O. & Lee, S. Y. 2004. Korean-Chinese bilingual children's comprehension of Korean relative clauses: Rethinking of the structural distance hypothesis[J]. *Language Research*, 40(4): 1059-1080.

Lesson, R. 1975. *Fluency and Language Teaching*[M]. London: Longman.

Levin, B. & Rappaport Hovav, M. 1995. *Unaccusativity: At the Syntax-Lexical Semantics Interface*[M]. Cambridge: MIT Press.

Levin, B. & Rappaport Hovav, M. 2005. *Argument Realization*[M]. Cambridge: Cambridge University Press.

Li, A. Y. H. 1985. *Abstract Case in Chinese* (Unpublished doctoral dissertation) [D]. University of Southern California, Los Angeles.

Li, Y. H. A. 1990. *Order and Constituency in Mandarin Chinese*[M]. Dordrecht: Kluwer.

Liao, J. L. 2020. Do L2 lexical and syntactic accuracy develop in parallel? Accuracy development in L2 Chinese writing[J]. *System*, 94: 1-16.

Lin, T. H. J. 2011. Finiteness of clauses and raising of arguments in Mandarin Chinese[J]. *Syntax*, 14(1): 48-73.

Lin, T. H. J. 2015. Tense in Mandarin Chinese sentences[J]. *Syntax*, 18(3): 320-342.

Liu, F. 2003. Definite NPs and telicity in Chinese[J]. *Snippets*, (7): 13-15.

Lozano, C. & Mendikoetxea, A. 2010. Interface conditions on postverbal subjects: A corpus study of L2 English[J]. *Bilingualism: Language and Cognition*, 13(4): 475-497.

Lu, Y. 2016. *The Acquisition of English Past Tense in Bilingual Children* (Unpublished doctoral dissertation) [D]. The University of Texas at Austin, Austin.

Lumsden, M. 1988. *Existential Sentences: Their Structure and Meaning*[M]. London: CroomHelm.

Ma, R. 2020. Frequency effect of formulaic sequences on CAF in academic writing: Examples from L2 master's theses[J]. *Chinese Journal of Applied Linguistics*, 43(4): 489-505.

Mak, W. M., Vonk, W. & Schriefers, H. 2006. Animacy in processing relative clauses: The hikers that rocks crush[J]. *Journal of Memory and Language*, 54(4): 466-490.

Mak, W. M., Vonk, W. & Schriefers, H. 2008. Discourse structure and relative clause processing[J]. *Memory & Cognition*, 36(1): 170-181.

Momenzade, M., Youhanaee, M. & Kassaian, Z. 2014. Article choice by Persian EFL learners: Evidence against the fluctuation hypothesis? [J]. *International Journal of Research Studies in Language Learning*, 3(2): 29-42.

Mayo, M. P. G. 2009. Article choice in L2 English by Spanish speakers: Evidence for full transfer[A]. In M. P. G. Mayo & R. Hawkins (Eds.), *Second Language Acquisition of Articles: Empirical Findings and Theoretical Implications*[C] (pp. 13-35). Amsterdam: John Benjamins Publishing Company.

Milsark, G. L. 1979. *Existential Sentences in English*[M]. New York: Garland Publishing.

Mutiarsih, Y., Gumilar, D. & Darmawangsa, D. 2020. The acquisition of French morphosyntax and structures by Indonesian students learning French[A]. In N. Haristiani, D. Yulianeta, Y. Wirza, et al. (Eds.), *Proceedings of the 4th International Conference on Language, Literature, Culture, and Education (ICOLLITE 2020)*[C] (pp. 29-53). Amsterdam: Atlantis Press.

Nergis, A. 2021. Can explicit instruction of formulaic sequences enhance L2 oral fluency? [J]. *Lingua*, 255: 1-21.

Nespor, M. & Guasti, M. T. 2002. Focus to stress alignment and its consequences for acquisition[J]. *Lingue e Linguaggio*, 1: 79-106.

Norris, J. M. & Ortega, L. 2009. Towards an organic approach to investigating CAF in instructed SLA: The case of complexity[J]. *Applied Linguistics*, 30(4): 558-578.

O'Grady, W., Lee, M. & Choo, M. 2003. A subject-object asymmetry in the acquisition of relative clauses in Korean as a second language[J]. *Studies in Second Language Acquisition*, 25(3): 433-448.

Okugiri, M. 2012. *The Acquisition of the Discoursal Properties of English Relative Constructions by Japanese Learners* (Unpublished doctoral dissertation) [D]. The University of Tokyo, Tokyo.

Ortega, L. 2003. Syntactic complexity measures and their relationship to L2 proficiency: A research synthesis of college-level L2 writing[J]. *Applied Linguistics*, 24(4): 492-518.

Ozeki, H. & Shirai, Y. 2007. Does the noun phrase accessibility hierarchy predict the difficulty order in the acquisition of Japanese relative clauses? [J]. *Studies in Second Language Acquisition*, 29(2): 169-196.

Perlmutter, D. M. 1978. Impersonal passives and the unaccusative hypothesis[J]. *BLS*, 4: 157-189.

Perlmutter, D. M. & Postal, P. M. 1984. The 1-Advancement Exclusiveness Law[A]. In D. M. Perlmutter & C. G. Rosen (Eds.), *Studies in Relational Grammar 2*[C] (pp. 81-125). Chicago: The University of Chicago Press.

Phan, T. & Duffield, N. 2021. On the structure and acquisition of telicity and unaccusativity in Vietnamese[J]. *Taiwan Journal of Linguistics*, 19(2): 1-32.

Pienemann, M. 1998. *Language Processing and Second Language Development: Processability Theory*[M]. Amsterdam: John Benjamins Publishing Company.

Pienemann, M. 2003. Language processing capacity[A]. In C. J. Doughty & M. H. Long (Eds.), *The Handbook of Second Language Acquisition*[C] (pp. 679-714). Oxford: Blackwell.

Pienemann, M. & Mackey, A. 1993. An empirical study of children's ESL development and Rapid Profile[A]. In P. McKay (Ed.), *ESL Development: Language and Literacy in Schools*[C] (pp. 115-259). Canberra: Commonwealth of Australia and National Languages and Literacy Institute of Australia.

Prado-Alonso, C. 2011. *Full-verb Inversion in Written and Spoken English*[M]. Bern: Peter Lang.

Prévost, P. & White, L. 2000. Missing surface inflection or impairment in second language acquisition? Evidence from tense and agreement[J]. *Second Language Research*, 16(2): 103-133.

Ramchand, G. & Reiss, C. 2007. *The Oxford Handbook of Linguistic Interfaces*[C]. Oxford: Oxford University Press.

Rochemont, M. S. 1986. *Focus in Generative Grammar*[M]. Amsterdam: John Benjamins Publishing Company.

Rounds, P. L. & Kanagy, R. 1998. Acquiring linguistic cues to identify agent: Evidence from children learning Japanese as a second language[J]. *Studies in Second Language Acquisition*, 20(4): 509-542.

Rule, S. & Marsden, E. 2006. The acquisition of functional categories in early French second language grammars: The use of finite and non-finite verbs in negative contexts[J]. *Second Language Research*, 22(2): 188-218.

Ryan, K. M. 2019. Prosodic end-weight reflects phrasal stress[J]. *Natural Language and Linguistic Theory*, 37: 315-356.

Schachter, J. 1974. An error in error analysis[J]. *Language Learning*, 24(2): 205-214.

Schmidt, R. 1992. Psychological mechanisms underlying second language fluency[J]. *Studies in Second Language Acquisition*, 14(4): 357-385.

Schwartz, B. D. & Sprouse, R. A. 1996. L2 cognitive states and the full transfer/full access model[J]. *Second Language Research*, 12(1): 40-72.

Selinker, L. 1972. Interlanguage[J]. *International Review of Applied Linguistics in Language Teaching*, 10(3): 209-231.

Shahid, M. A., Mahmood, A., Saeed, R. M. B., et al. 2021. Discernment of pitfalls in understanding finite and non-finite verb structures by English language learners[J]. *Journal of Humanities and Social Sciences Studies*, 3(5): 36-43.

Skehan, P. 1998. A *Cognitive Approach to Language Learning*[M]. Oxford: Oxford University Press.

Skehan, P. 2003. Task-based instruction[J]. *Language Teaching*, 36(1): 1-14.

Slabakova, R. 2000. L1 transfer revisited: The L2 acquisition of telicity marking in English by Spanish and Bulgarian native speakers[J]. *Linguistics*, 38(4): 739-770.

Slabakova, R. 2001. *Telicity in the Second Language*[M]. Amsterdam: John Benjamins Publishing Company.

Slabakova, R. 2010. Semantic theory and second language acquisition[J]. *Annual Review of Applied Linguistics*, 30: 231-247.

Slabakova, R. 2014. The bottleneck of second language acquisition[J]. *Foreign Language Teaching and Research*, 46(4): 543-559.

Slabakova, R. 2015. The effect of construction frequency and native transfer on second language knowledge of the syntax-discourse interface[J]. *Applied Psycholinguistics*, 36(3): 671-699.

Snape, N. 2009. Exploring Mandarin Chinese speakers' article use[A]. In N. Snape, Y. I. Leung & M. S. Smith (Eds.), *Representational Deficits in SLA: Studies in Honor of Roger Hawkins*[C] (pp. 27-51). Amsterdam: John Benjamins Publishing Company.

Soltanpour, F. & Valizadeh, M. 2018. Revision-mediated and attention-mediated feedback: Effects on EFL learners written syntactic accuracy[J]. *Advances in Language and Literary Studies*, 9(4): 83-91.

Song, L. Y. 2022. A markedness differential approach towards the acquisition of English locative inversion for Chinese L2 learners[A]. In Z. Tong & J. Yan (Eds.), *Proceedings of the 2021 International Conference on Education, Language and Art (ICELA 2021)* [C] (pp. 481-486). Dordrecht: Atlantis Press.

Sorace, A. 2011. Pinning down the concept of "interface" in bilingualism[J]. *Linguistic Approaches to Bilingualism*, 1(1): 1-33.

Sorace, A. & Filiaci, F. 2006. Anaphora resolution in near-native speakers of Italian[J]. *Second Language Research*, 22(3): 339-368.

Sorace, A. & Serratrice, L. 2009. Internal and external interfaces in bilingual language development: Beyond structural overlap[J]. *International Journal of Bilingualism*, 13(2): 195-210.

Speer, S. R., Kjelgaard, M. M. & Dobroth, K. M. 1996. The influence of prosodic structure on the resolution of temporary syntactic closure ambiguities[J]. *Journal of Psycholinguistic Research*, 25(2): 249-271.

Teixeira, J. 2018. *L2 Acquisition at the Interfaces: Subject-verb Inversion in L2 English and Its Pedagogical Implications* (Unpublished doctoral dissertation) [D]. Universidade Nova de Lisboa, Lisboa.

Teixeira, J. 2020. Gradient optionality in L2 acquisition at the syntax-discourse interface: Evidence from inversion in advanced and near-native English[J]. *Lingua*, 245: 1-37.

Tenny, C. L. 1994. *Aspectual Roles and the Syntax-Semantics Interface*[M]. Dordrecht: Kluwer Academic Publishers.

Trask, R. L. 1999. *Key Concepts in Language and Linguistics*[M]. London: Routledge.

Turrero-García, M. 2017. Proficiency matters: L2 avoidance in Spanish complex wh-production[J]. *Borealis: An International Journal of Hispanic Linguistics*, 6(2): 285-302.

Unlu, E. A. & Hatipoglu, Ç. 2012. The acquisition of the copula *be* in present simple tense in English by native speakers of Russian[J]. *System*, 40(2): 255-269.

Vainikka, A. & Young-Scholten, M. 1996. Gradual development of L2 phrase structure[J]. *Second Language Research*, 12(1): 7-39.

Valenzuela, E. 2005. Incomplete end state L2 acquisition: L2 Spanish CLLD and English CLD constructions[A]. In A. Brugos, M. R. Clark-Cotton & S. Ha (Eds.), *Proceedings of the 29th Annual Boston University Conference on Language Development (BUCLD 29)*[C]. Somerville: Cascadilla Press. https://www.bu.edu/bucld/files/2011/05/29-ValenzuelaBUCLD2004.pdf[2022-12-22].

Vendler, Z. 1967. *Linguistics in Philosophy*[M]. Ithaca: Cornell University Press.

Ward, G. & Birner, B. 2004. Information structure and non-canonical syntax[A]. In L. R. Horn & G. Ward (Eds.), *The Handbook of Pragmatics*[C] (pp. 152-174). Oxford: Blackwell.

White, L. 2011. Second language acquisition at the interfaces[J]. *Lingua*, 121(4): 577-590.

White, L., Goad, H., Goodhue, D., et al. 2013. Syntactic ambiguity resolution in L2 parsing: Effects of prosodic boundaries and constituent length[EB/OL]. http://www.bu.edu/bucld/files/2013/06/White.pdf[2022-12-21].

Xu, F. H. 2013. *A Comparative Study of the Comprehension of English Aspect by Native Speakers of English and Chinese EFL Learners*[M]. Shanghai: Shanghai Jiaotong University Press.

Yazdani, S. 2018. Syntactic complexity in Iranian learners' English writing and speaking[J]. *Journal on English as a Foreign Language*, 8(1): 75-96.

Yin, B. & Kaiser, E. 2011. Chinese speakers' acquisition of telicity in English[A]. In G. Granena, J. Koeth, S. Lee-Ellis, et al. (Eds.), *Selected Proceedings of the 2010 Second Language Research Forum: Reconsidering SLA Research, Dimensions, and*

Directions[C] (pp. 182-198). Somerville: Cascadilla Proceedings Project.

Ying, H. G. 1996. Multiple constraints on processing ambiguous sentences: Evidence from adult L2 learners[J]. *Language Learning*, 46(4): 681-711.

Yuan, B. 2010. Domain-wide or variable-dependent vulnerability of the semantics-syntax interface in L2 acquisition? Evidence from wh-words used as existential polarity words in L2 Chinese grammars[J]. *Second Language Research*, 26(2): 219-260.

Zec, D. & Inkelas, S. 1990. Prosadically constrained syntax[A]. In S. Inkelas & D. Zec (Eds.), *The Phonology-Syntax Connection*[C] (pp. 365-378). Chicago: The University of Chicago Press.

Zubizarreta, M. L. 1998. *Prosody, Focus and Word Order*[M]. Cambridge: MIT Press.

非宾格动词习得问卷

非宾格动词习得问卷（A）

您好，我们正在做一个英语学习方面的问卷调查，请阅读下面的每个句子，根据自己的语感判断该句是否符合英语用法。如果句子完全可以接受，请选 5；如果基本能接受，请选 4；如果自己没有把握，请选 3；如果不太能接受，请选 2；如果完全不可接受，请选 1。

1. There appeared a police officer around the corner.
   （5   4   3   2   1）

2. This kind of cloth washes well.
   （5   4   3   2   1）

3. There ran three young girls out of the building.
   （5   4   3   2   1）

4. There exist many fine buildings in London.
   （5   4   3   2   1）

5. That argument sounds reasonable.
   （5   4   3   2   1）

6. There cried a little girl in the room.
   （5   4   3   2   1）

7. There emerged some new facts at the meeting.
   （5   4   3   2   1）

8. He raised his arms above his head.

（5　　4　　3　　2　　1）

9. Xiao Li went to bed as soon as he came home.

（5　　4　　3　　2　　1）

10. There played three children in the sports ground.

（5　　4　　3　　2　　1）

11. There hangs a painting of his grandfather in the living room.

（5　　4　　3　　2　　1）

12. The car drives nicely.

（5　　4　　3　　2　　1）

13. There laughed several students during the lecture.

（5　　4　　3　　2　　1）

14. There danced a well-known actor towards us.

（5　　4　　3　　2　　1）

15. The bottle breaks easily by my brother.

（5　　4　　3　　2　　1）

16. There occurred a most remarkable incident at that moment.

（5　　4　　3　　2　　1）

17. The firm could not afford to pay such large salaries.

（5　　4　　3　　2　　1）

18. There swam an old man towards me.

（5　　4　　3　　2　　1）

19. He bought me a bottle of ink.

（5　　4　　3　　2　　1）

20. There smiled an old lady at the door.

（5　　4　　3　　2　　1）

21. There sang a tall middle-aged woman on the stage.

（5　　4　　3　　2　　1）

22. This flower smells very sweet.

（5　　4　　3　　2　　1）

23. There walked two young people into the courtroom.

    (5   4   3   2   1)

24. I will tell my friends to protect the trees.

    (5   4   3   2   1)

25. There jumped a small boy from the bed.

    (5   4   3   2   1)

非宾格动词习得问卷（B）

您好，我们正在做一个英语学习方面的问卷调查，请阅读下面的每个句子，根据自己的语感判断该句是否符合英语用法。如果句子完全可以接受，请选 5；如果基本能接受，请选 4；如果自己没有把握，请选 3；如果不太能接受，请选 2；如果完全不可接受，请选 1。

1. He always kept silent at meeting.

    (5   4   3   2   1)

2. There appeared around the corner a police officer.

    (5   4   3   2   1)

3. There walked into the courtroom two young people.

    (5   4   3   2   1)

4. This book sells well.

    (5   4   3   2   1)

5. There ran out of the building three young girls.

    (5   4   3   2   1)

6. There exist in London many fine buildings.

    (5   4   3   2   1)

7. The sun shines brightly today.

    (5   4   3   2   1)

8. There cried in the room a little girl.

(5   4   3   2   1)

9. There emerged at the meeting some new facts.

(5   4   3   2   1)

10. His plan turned out a success.

(5   4   3   2   1)

11. There sang on the stage a tall middle-aged woman.

(5   4   3   2   1)

12. This kind of cloth feels very soft.

(5   4   3   2   1)

13. There danced towards us a well-known actor.

(5   4   3   2   1)

14. There hangs in the living room a painting of his grandfather.

(5   4   3   2   1)

15. You should not give up studying.

(5   4   3   2   1)

16. There occurred at that moment a most remarkable incident.

(5   4   3   2   1)

17. She grew rich within a short time.

(5   4   3   2   1)

18. There smiled at the door an old lady.

(5   4   3   2   1)

19. There laughed during the lecture several students.

(5   4   3   2   1)

20. The ship sank by American soldiers.

(5   4   3   2   1)

21. There swam towards me an old man.

(5   4   3   2   1)

22. It is impossible to work out the problem.

(5   4   3   2   1)

23. There played in the sports ground three children.

(5   4   3   2   1)

24. There jumped from the bed a small boy.

(5   4   3   2   1)

25. This kind of food eats delicious.

(5   4   3   2   1)

终结性情状习得问卷

Directions: Each sentence below is a combination of two clauses with the help of the word "and". Please decide whether A or B could make the whole sentence more natural.

1. She sat down at the table and _____.

   A. drank a cup of tea   B. drank cups of tea

2. I was a student at Peking University and _____.

   A. attended a class there   B. attended classes there

3. The reporter returned to his office and _____.

   A. made phone calls   B. made a phone call

4. Mom went to the post office and _____.

   A. sent a letter   B. sent letters

5. Mr. Brown was a salesman and _____.

   A. sold used cars   B. sold a used car

6. She worked in a clothing shop and _____.

   A. sold five suits   B. sold suits

7. Jimmy lowered his voice and _____.

   A. told me a secret   B. told me secrets

8. Antowa worked in a bakery and _____.

   A. made cakes   B. made a cake

9. He jumped into the river and _____.

   A. saved a boy   B. saved boys

10. Her husband was a carpenter and _____.

    A. he made a sofa   B. he made sofas

11. I came to his birthday party and _____.

    A. brought him gifts   B. brought him a gift

12. She worked as a waitress and _____.

    A. washed a dish   B. washed dishes

13. Susan got off the bus and _____.

    A. saw a coin on the ground   B. saw coins on the ground

14. Anne-Marie used to be a dressmaker and _____.

    A. sewed dresses   B. sewed a dress

15. He was a musician and _____.

    A. wrote a song   B. wrote songs

16. He opened the bag and _____.

    A. found a picture-book in it   B. found picture-books in it

17. My boss was a vegetarian and _____.

    A. he ate a banana   B. he ate bananas

18. John was a good mechanic and _____.

    A. he fixed bikes   B. he fixed a bike

19. The man broke into the house and _____.

    A. stole a computer   B. stole computers

20. The boy got up from the chair and _____.

    A. picked up books   B. picked up a book

附录3

存现句习得问卷

请阅读下面的每组句子，根据自己的语感判断该画线部分与上文的连贯性。如果认为非常连贯，请选5；如果比较连贯，请选4；如果自己没有把握，请选3；如果不太连贯，请选2；如果认为完全不连贯，请选1。

1. Tom walked into the classroom with Linda and sat in the first row. <u>In front of them there stood the teacher, writing a poem on the blackboard.</u>

　　（ 5　　　4　　　3　　　2　　　1 ）

2. The door opened slowly. The manager stepped into the office. <u>Behind him there came the secretary who asked for resignation.</u>

　　（ 5　　　4　　　3　　　2　　　1 ）

3. Tom walked into the classroom with Linda and sat in the first row. <u>The teacher, writing a poem on the blackboard stood in front of them.</u>

　　（ 5　　　4　　　3　　　2　　　1 ）

4. Both Joe and Mary felt tired when they arrived at the foot of the mountain. <u>A river winding its way to the forests flowed beside the mountain.</u>

　　（ 5　　　4　　　3　　　2　　　1 ）

5. The door opened slowly. The manager stepped into the office. <u>The secretary who asked for resignation came behind him.</u>

　　（ 5　　　4　　　3　　　2　　　1 ）

6. Both Joe and Mary felt tired when they arrived at the mountain. <u>Beside the mountain there flowed a river winding its way to the forests.</u>

　　（ 5　　　4　　　3　　　2　　　1 ）

7. Jenny and John sat eating pizza. Jenny took a slice and enjoyed it very much. <u>Across from her there sat John, eating his fourth or fifth slice.</u>

（ 5   4   3   2   1 ）

8. Diana and her husband, Carl, cried for help at the window. Diana felt despair at the moment. <u>Carl who never lost hope stood beside her.</u>

（ 5   4   3   2   1 ）

9. Diana and her husband, Carl, cried for help at the window. Diana felt despair at the moment. <u>Beside her there stood Carl who never lost hope.</u>

（ 5   4   3   2   1 ）

10. Jenny and John sat eating pizza. Jenny took a slice and enjoyed it very much. <u>John sat across from her, eating his fourth or fifth slice.</u>

（ 5   4   3   2   1 ）

前置结构习得问卷

请阅读下面的每个对话或段落，根据上下文判断画线部分在多大程度上可以接受，并说明理由。5=完全可以接受，4=基本可以接受，3=不清楚，2=不太能接受，1=完全不能接受。

1. Today's tapes may still be cheerful, <u>but cheep are not they</u>. The cost of an average video hovers between $ 35,000 and $ 45,000.

（5　　4　　3　　2　　1）

2. A: If there're fewer than five students waiting, then I guess we can start. How many are there?

　　B: Five.

　　A: <u>We don't have to wait for five students</u>. More than that we would.

（5　　4　　3　　2　　1）

3. Kenny Rogers had asked his fans to bring food to his concerts to feed the hungry in the area. <u>And they brought food</u>.

（5　　4　　3　　2　　1）

4. I graduated from high school as an average student. <u>History I found to be dry</u>. Math courses I was never good at. I enjoyed sciences.

（5　　4　　3　　2　　1）

5. Kenny Rogers had asked his fans to bring food to his concerts to feed the hungry in the area. <u>And bring food did they</u>.

（5　　4　　3　　2　　1）

6. She was well paid for her impudence. She read what made her

wretched. <u>Her wretchedness I could have borne</u>, but her passion—her malice—at all events it must be appeased.

(5   4   3   2   1)

7. "If you telegraph at once, he can be stopped," said the Inspector. <u>And he was stopped</u>.

(5   4   3   2   1)

8. She thanked him again and again, and with a sweetness of address invited him to be seated. <u>But he this declined</u>, as he was dirty and wet.

(5   4   3   2   1)

9. He grew more and more partial to the house and environs, and even doubted to what place he should go when he left them—but still—<u>go he must</u>.

(5   4   3   2   1)

10. A: I can't stand my boss. He's stupid, arrogant and totally off-the-wall.

    B: <u>I wouldn't really say he is stupid</u>.

(5   4   3   2   1)

11. He grew more and more partial to the house and environs, and even doubted to what place he should go when he left them—but still—<u>he must go</u>.

(5   4   3   2   1)

12. I graduated from high school as an average student. <u>I history found to be dry</u>. Math courses I was never good at. I enjoyed sciences.

(5   4   3   2   1)

13. A: What do you think of John?

    B: He's a very successful, but humble guy.

    A: Successful, yes. <u>But humble he is not</u>.

(5   4   3   2   1)

14. A: This is not another vulgar disgusting film.

    B: <u>Vulgar is not it</u>. It is dumb. Did we see the same movie?

(5   4   3   2   1)

15. There are a couple of nice points in there. <u>I can say something about</u>

<u>one point</u>. The other I'm not sure.

（5　　4　　3　　2　　1）

16. She thanked him again and again, and with a sweetness of address invited him to be seated. <u>But this he declined</u>, as he was dirty and wet.

（5　　4　　3　　2　　1）

17. Interrogative *do* should then be classed as a popular idiom. <u>Popular it may have been</u>, but I doubt the different origin.

（5　　4　　3　　2　　1）

18. "If you telegraph at once, he can be stopped," said the Inspector. <u>And stopped he was.</u>

（5　　4　　3　　2　　1）

19. She was well paid for her impudence. She read what made her wretched. <u>I could have borne her wretchedness</u>, but her passion—her malice—at all events it must be appeased.

（5　　4　　3　　2　　1）

20. She thanked him again and again, and with a sweetness of address invited him to be seated. <u>But he declined this</u>, as he was dirty and wet.

（5　　4　　3　　2　　1）

21. Kenny Rogers had asked his fans to bring food to his concerts to feed the hungry in the area. <u>And bring food they did.</u>

（5　　4　　3　　2　　1）

22. She was well paid for her impudence. She read what made her wretched. <u>I her wretchedness could have borne</u>, but her passion—her malice—at all events it must be appeased.

（5　　4　　3　　2　　1）

23. The time has come for a new American Emancipation, a great national drive to tear down economic barriers. My friends, together we can do this, <u>and we must do it</u>.

（5　　4　　3　　2　　1）

24. A: This is not another vulgar disgusting film.

B: <u>Vulgar it is not</u>. Dumb it is. Did we see the same movie?

（ 5　　4　　3　　2　　1 ）

25. A: If there're fewer than five students waiting, then I guess we can start. How many are there?

B: Five.

A: <u>We five students don't have to wait for</u>. More than that we would.

（ 5　　4　　3　　2　　1 ）

26. Tchaikovsky was one of the most tormented men in musical history. In fact, one wonders how he managed to produce any music at all. <u>But he produced music</u>.

（ 5　　4　　3　　2　　1 ）

27. There are a couple of nice points in there. <u>One point I can say something about</u>. The other I'm not sure.

（ 5　　4　　3　　2　　1 ）

28. A: What do you think of John?

B: He's a very successful, but humble guy.

A: Successful, yes. <u>But he's not humble.</u>

（ 5　　4　　3　　2　　1 ）

29. The time has come for a new American Emancipation, a great national drive to tear down economic barriers. My friends, together we can do this, <u>and do it we must</u>.

（ 5　　4　　3　　2　　1 ）

30. Interrogative *do* should then be classed as a popular idiom. <u>Popular may have been it</u>, but I doubt the different origin.

（ 5　　4　　3　　2　　1 ）

31. There are a couple of nice points there. <u>I one point can say something about</u>. The other I'm not sure.

（ 5　　4　　3　　2　　1 ）

32. Tchaikovsky was one of the most tormented men in musical history. In fact, one wonders how he managed to produce any music at all. <u>But produce music did he</u>.

(5   4   3   2   1)

33. A: This is not another vulgar disgusting film.

B: <u>It's not vulgar</u>. It is dumb. Did we see the same movie?

(5   4   3   2   1)

34. A: I can't stand my boss. He's stupid, arrogant and totally off-the-wall.

B: <u>Stupid I wouldn't really say he is</u>.

(5   4   3   2   1)

35. I graduated from high school as an average student. <u>I found history to be dry</u>. Math courses I was never good at. I enjoyed sciences.

(5   4   3   2   1)

36. Today's tapes may still be cheerful, <u>but they are not cheep</u>. The cost of an average video hovers between $ 35,000 and $ 45,000.

(5   4   3   2   1)

37. Interrogative *do* should then be classed as a popular idiom. <u>It may have been popular</u>, but I doubt the different origin.

(5   4   3   2   1)

38. "If you telegraph at once, he can be stopped," said the Inspector. <u>And stopped was he</u>.

(5   4   3   2   1)

39. Tchaikovsky was one of the most tormented men in musical history. In fact, one wonders how he managed to produce any music at all. <u>But produce music he did</u>.

(5   4   3   2   1)

40. The time has come for a new American Emancipation, a great national drive to tear down economic barriers. My friends, together we can do this, <u>and do it must we</u>.

（5　　4　　3　　2　　1）

41. A: If there're fewer than five students waiting, then I guess we can start. How many are there?

　　B: Five.

　　A: <u>Five students we don't have to wait for</u>. More than that we would.

（5　　4　　3　　2　　1）

42. Today's tapes may still be cheerful, <u>but cheep they are not</u>. The cost of an average video hovers between $ 35,000 and $ 45,000.

（5　　4　　3　　2　　1）

43. He grew more and more partial to the house and environs, and even doubted to what place he should go when he left them—but still—<u>go must he</u>.

（5　　4　　3　　2　　1）

44. A: I can't stand my boss. He's stupid, arrogant and totally off-the-wall.

　　B: <u>Stupid I wouldn't really say is he</u>.

（5　　4　　3　　2　　1）

45. A: What do you think of John?

　　B: He's a very successful, but humble guy.

　　A: Successful, yes. <u>But humble is not he.</u>

（5　　4　　3　　2　　1）

倒装句习得问卷

请阅读下面的句子，根据上下文将括号中的单词组合成句。

1. I wonder what's going on. A police car is parked in front of the Williams' house. _____.

（in, the mayor, the back seat, is）

2. Oh, I feel such a sharp pain in my heart; and _____ _____.

（something, now, my eye, got into, has）

3. They have a great big tank in the kitchen, and _____ _____.

（these pots, all of, are, the tank, in, sitting）

4. —Hey, mom, have you seen my gym shirt? I'm in a big hurry to get to the bus stop.

—_____.

（gym shirt, is, in the hall closet, your）

5. —Hey, Bill, there's the coffee grinder? Our guests will probably want some cappuccino after dinner.

—_____.

（the kitchen counter, on, the coffee grinder, is）

6. We have complimentary soft drinks, coffee, tea, and milk. _____ _____.

（also, red and white, complimentary, is, wine）

关系从句习得问卷

欢迎你参加我们的实验！实验首先在电脑屏幕上出现一个红色 "+" 号注视点，提醒你开始实验，并集中注释电脑中央。接着电脑会呈现一个句子，请你认真阅读这个句子。然后电脑上会显示一个问题，请你对这个问题进行判断。如果正确，请你按键盘 J 键；如果错误，请你按键盘 F 键。

明白上述指导语后，请你按键盘 Q 键进入到练习环节，然后进入到正式的实验。

1. The singer that loved the musician got the fans' attention.

   Did the singer love the musician?

2. The musician that he loved got the fans' attention.

   Did he get the fans' attention?

3. The accident that terrified the musician got the fans' attention.

   Did the accident terrify the musician?

4. The accident that he witnessed got the fans' attention.

   Did he get the fans' attention?

5. The woman that delighted the player evoked the public's notice.

   Did the player evoke the public's notice?

6. The player that she delighted evoked the public's notice.

   Was the player delighted by her?

7. The prize that delighted the player evoked the public's notice.

   Did the player evoke the public's notice?

8. The prize that she misplaced evoked the public's notice.

Did she misplace the prize?

9. The director that admired Jim received a prize.

   Did the director receive a prize?

10. The director that he admired received a prize.

    Did the director admire him?

11. The movie that pleased Jim received a prize.

    Did the movie please Jim?

12. The movie that he watched received a prize.

    Did he receive a prize?

13. The teacher that educated the student won the parent's support.

    Did the student win the parent's support?

14. The student that they respected won the parent's support.

    Did they respect the student?

15. The school that educated the student won the parent's support.

    Did the student win the parent's support?

16. The school that they attended won the parent's support.

    Did they attend the school?

17. The girl that angered the teacher won the man's heart.

    Did the girl anger the teacher?

18. The teacher that they hated won the man's heart.

    Did they win the man's heart?

19. The play that angered the teacher won the man's heart.

    Did the play anger the teacher?

20. The play that they watched won the man's heart.

    Did they win the man's heart?

21. The murderer that bothered the woman caused the mayor's attention.

    Did the woman cause the mayor's attention?

22. The woman that he helped caused the mayor's attention.

    Did he help the woman?

23. The accident that bothered the woman caused the mayor's attention.

   Did the woman bother the accident?

24. The accident that she reported caused the mayor's attention.

   Did she report the accident?

25. The businessman that worried the banker caused the mayor's anxiety.

   Did the businessman cause the mayor's anxiety?

26. The banker that he sued caused the mayor's anxiety.

   Did the banker sue him?

27. The loan that worried the banker caused the mayor's anxiety.

   Did the loan cause the mayor's anxiety?

28. The loan that he refused caused the mayor's anxiety.

   Did he cause the mayor's anxiety?

29. The boss that excited the salesman got the buyer's trust.

   Did the salesman get the buyer's trust?

30. The salesman that he excited got the buyer's trust.

   Did the salesman get the buyer's trust?

31. The product that excited the salesman got the buyer's trust.

   Was the buyer excited by the product?

32. The product that he examined got the buyer's trust.

   Did the product get the buyer's trust?

33. The boss that cheated the worker sought the lawyer's help.

   Did the boss cheat the worker?

34. The boss that he cheated sought the lawyer's help.

   Did the boss cheat him?

35. The company that cheated the worker sought the lawyer's help.

   Did the company cheat the worker?

36. The company that he cheated sought the lawyer's help.

   Did the company cheat him?

37. The policeman that beat the criminal attracted the official attention.

Did the criminal attract the official attention?

38. The policeman that he beat attracted the official attention.

Did the policeman attract the official attention?

39. The reality that beat the criminal attracted the official attention.

Did the criminal attract the official attention?

40. The reality that he beat attracted the official attention.

Did he beat the reality?

41. Nobody knew whether he could pass the exam.

Did he pass the exam?

42. The presentation showed you what the best CEO knew.

Did the presentation show you who is the CEO?

43. None of us know where these new parts can be bought.

Do we know where the parts can be bought?

44. He told us that they would help us through the whole work.

Did he tell us to help us?

45. I think it necessary that we take plenty of hot water every day.

Is it necessary to take hot water?

46. I feel it a pity that I haven't been to the get-together.

Did I go to the get-together?

47. He will have it that our plan is really practical.

Is our plan practical?

48. We discovered what we had learned to be valuable.

Was what we learnt valuable?

49. I am sorry that I have troubled you so long.

Am I sorry for the trouble?

50. He is glad that Li Ming went to see him when he was ill.

Is he glad?